国家的品格

看懂美国的第一本书

[英]约翰·高乐 著 By JOHN GORER 高青山 译

THE AMERICAN PEOPLE

新世界出版社
NEW WORLD PRESS

图书在版编目（CIP）数据

国家的品格：看懂美国的第一本书 /（英）高乐著；高青山译. —北京：新世界出版社，2011.11

ISBN 978-7-5104-2314-7

Ⅰ. ①国… Ⅱ. ①高… ②高… Ⅲ. ①社会生活－概况－美国 Ⅳ. ①D771.28

中国版本图书馆CIP数据核字(2011)第216533号

国家的品格：看懂美国的第一本书

作　　者：（英）约翰·高乐
译　　者：高青山　等
责任编辑：余守斌　熊文霞
责任印制：李一鸣　黄厚清
出版发行：新世界出版社
社　　址：北京西城区百万庄大街24号（100037）
发行部：(010) 6899 5968　(010) 6899 8733 (传真)
总编室：(010) 6899 5424　(010) 6832 6679 (传真)
http://www.nwp.cn
http://www.newworld-press.com
版权部：+8610 6899 6306
版权部电子信箱：frank@nwp.com.cn
印　　刷：北京中印联印务有限公司
经　　销：新华书店
开　　本：787×1092　1/16
字　　数：300千字　印张：14.75
版　　次：2012年1月第1版　2012年1月第1次印刷
书　　号：ISBN 978-7-5104-2314-7
定　　价：32.00元

前言

中美关系的微妙是无待说明的。但是不管每年有成千成万的人出国赴美，或由美返国，一般说来，国人对于美国仍只有较少的认识。在这种意义上，本书是值得推荐的一本书。

原书的作者是英国的文化人类学家。通读全书，可以看出，他是对近代心理分析学的发展颇感兴趣的人。这本书，就是他根据在华盛顿居留七年的直接间接的经验为题材，根据心理分析学的观点，把美国国民性作抽茧剥蕉式的分析。他的著书态度，显然并不是正襟危坐，想提出什么公式，而只是逸趣横生地揭开美国国民性的浮面，指出底里种种的成分：有些很体面，有些不免有点不登大雅之堂。读者对于著者的意见和议论，不一定完全同意，但不能不叹服著者观点的新颖，可以发人深省。著者所谓美国人性格中“娘娘腔”的一点，就是随便的一例。

如果读完这一本书，再回转头来看看美国人的言论或行动，一定可以有较为深刻的了解。

序言

个人为一切的根基。

我现在誓言：在我看来，凡是抹煞个人的，都不是良善的，

美国是由个人合作立约而成的，

只有与个人打商量的，才是真正的政府……

——魏特曼在蓝色的奥泰里亚湖之岸

在本书中，我打算用文化人类学上的若干方法和真知灼见，应用于研究一个伟大的现代国家。我于1935年第一次访问

美国，在梅特、本尼迪克特和陶拉特三位博士指导下，接受人类学的训练；自从那时起，一连串的意外事件，使这两个论题在我的生活中始终保持支配的地位。1936年至1937年我在锡金的勒伯佳人中，作了一次就地的考察，在当时我认为只是以后将连续举行的第一次考察而已；但是考察归来，我的健康受到恒久的损害，所以至少在今后的几年内，我不能考虑在原始民族中作再度的远行。生活的艰苦，食物的恶劣和医疗的缺乏，在原始区域中原是免不了的。

因此我极愉快地接受了洛氏基金团的邀请，根据“人类学的观点”研究电影及无线电对于美国观众和听众的影响。这一个调查的性质，虽然不免只是一个极大范围研究的初步调查而已，但它对我有一个好处，就是使我得以遍历了美国的许多地方，并熟习了美国社会学家对这些以及有关论题的研究成绩。等到调查全部完成以后，我又得基金团理事长梅博士之邀，加入耶鲁大学的人类关系研究所。这一个邀请，除了给我机会增进我对于人类学、行为心理学和心理分析的了解与知识外，也给了我一个详尽研究美团儿童和青年心理的机会。研究所里有位同事心理分析学家秦恩，曾经对一位患人格分裂症的新英格兰青年（新英格兰指美国东北部六邦——译者），作过四年的分析，并系统地记下整个的分析。秦恩请我合作，根据记录下的大量资料，写成这个青年的生活历史。因为对于病者的儿童及求学时代，缺乏判断何谓“正常”的标准，我不得不以谈话以及若干调查的方式，研究普通人所有的行为模式。为了发现这个青年人格分裂者的早年生活和行为中，有些什么特殊的征象，我不得不对没有发生这种征象的青年的早期生活，作了一番相当确切的研究。本书中的许多材料，尤其是关于讨论儿童及青年期的资料，即由这种研究而来。

离开耶鲁以后，我到华盛顿京兆区，参加英国战时代表团之一。当时我做的一部分工作，为担任联络员，代表伦敦的办事处出席美国相等机关代表的会议，并随时将美国的态度、批评及建议，报告伦敦。在为共同目标而作同甘共苦的努力之时，双方虽然保持良好的合作，但这个工作，却把存在于大多数我英美同僚心中的、因战时紧张而缄默不言的异议和嫌恶，轮廓分明地显现了出来。鉴于我的多数美国“对手”，是旧日专业同事，所以我得以听到许多关于英国活动的坦率批评，而在正式的会议中，为了客气之故，这种批评照例是不肯说的。

根据前后几年的经验，我明白看出，英美之间虽有不可胜计的异议，但大多数人在背底里，却有一个单纯的根本态度。英国人因为美国人不能设身处地站在英国人的地位而行动思想或言论，便反对、藐视或愤恨美国人。反之亦然。英美两国人因为共享大同小异的共同语文，共同宗教，共同政治思想，共同法律，共同的体格形式，所以每方都假定对方是和自己一模一样的，等到这种假定证明与事实不符时，就不免失望与痛苦交并了。

这种共有因素的存在，对两国间长期的政治关系，有重大的贡献，但我深信，在日常的事务中，认为英美一体或拥有完全相同的信仰，足以成为阻止两国人民相互了解和合作的最大障碍。

在两百年前，英国居民和美洲殖民地人民之间，相同之处几乎一定要比相异的地方大得多。但由于过去两世纪不同的经验和发展，结果造成了两种不同的社会，各具不同的价值制度、特殊的行为形式、不同的宇宙观和对其本身在世界中所占地位的观感影像——一言以蔽之，各具极端强烈不同的民族性。

这种差别，有其基本的性质。其间的问题，并不是说某一种行为方式较好，或某一种行为方式较坏，或者说某一种特性比较可以赞美，某一种特性比较可以抨斥；两者之间，实在并无适当的理由，作扬此抑彼的比较。只有识见极狭隘和鄙陋的人士，才会因为自己以黑衣为丧服，而认中国人丧服用白为“不当”、为“不道德”；因为丧服无论用白用黑，都在于有效地完成同样的社会目标。我们同样承认，不同的人群对于解饥的食物，有各自不相同的偏好，这种差别不至于引起我们道义上的愤怒。如果有人强迫我们食用其他社会所偏爱的食物，也许会引起我们的愤恨；但谁会对中国人喜欢吃燕窝，或爱斯基摩人吃腐朽的海豹肉，或澳洲土人吃树上的蛴螬，认为“不当”或“不道德”呢？印度教徒鄙视我们吃牛肉，我们中有谁认为这种反对是合理的呢？但是等到一个问题涉及价值，涉及不同的观察和解释世界的方式，涉及有所强调和有所缄默，涉及不同的希望和恐惧时，我们不偏不倚的公正心理大概就会杳如黄鹤了。我们感觉到、并且对外宣布说，我们的方式是唯一正当的方式；所有其他的方式都是错误的，其合于正当的程度，就着它们合于我们方式的程度。我们打算强迫实施一个单一的标准，等到遇到其他人民对于我们所认为是自明之理的真理，甚至不予承认之时，我们便感到苦恼和愤怒了。

这种势所必至的自我中心思想，使我们要在地位相等、时代相同的民族之间，讨论民族性的长短得失，变得非常困难和复杂。一个用意十分客观的说明，很可能被任何民族的读者解释为存心批评。如果读者恰好属于说明中所提到的民族，他可能会把说明中客观的语调，解释为缺乏了解和同情。这一种情感，和听见自己的录音后所引起的观感，颇有几分相像。如果读者不是说明中所提到的民族的一分子，他极易心不自主，把说明中所述的行为形式，和他自己所有的对本身特性与社会所抱的偏颇自满的见解，互作比较，然后再对两者的差别，作踌躇满志的判断："谢谢天，我不像其他的人那样……"

为了尽可能把因不友好批评而起的观感以及伪信的自满心减低至最低限度，我在本书中已尽力之所能，尽量避免把美国人的行为与任何其他社会的行为进行比较，同时设法指出相同的地方。所以除了偶然少数几次，因为要陪衬出同样字句所表现的不同含义，似有必要外，我尤其力求避免提及任何可作比较的英国人的行为。我深知有若干文字中所叙述的英国人的行为，其实也很可说是美国人的行为，但是除非把全体各点作通盘的有系统的比较，否则单是注意局部的相同之点是没有什么意义的。

希望不至于引起不友好批评的观感，以及伪信的自满心，固然是我避免作比较的动机之一，但我还有一个更迫切的理由，即由于我的浅薄无知。我所有关于英国（或任何欧洲社会）的知识，不足以使我作一贯的比较。除了对于我们自己的社会及其价值，我们全都不免目光错乱以外，而且由于我所受的教育和出身的阶级，我有我自己的限制和偏见。我所有研究英国生活的机会，也绝难与研究美国生活时所有的机会相比；我在英国社会接触的范围，要狭隘得多；甚至即使就地理上而言，我对英国所有的知识也要比对美国所有的知识少得多。除了作极短期的旅行以外，我所知道的仅限于英国的南部和中部；在我毕生中，我在剑桥以北始终未曾有过两个月的耽留。在美国48州我去过40个以上，我所完全不知道的只有两个区域：西南区（新墨西哥、亚利桑那、内华达）和西北区（华盛顿、俄勒冈、爱达荷）。这两个区域，地理面积虽极广大，但人口极为稀少，所有六州的人口，仅占全国人口30%，所以我认为对这些区域缺乏了解，并不足以动摇任何我所得到的结论。我大部分的时间居于华盛顿京兆区，这个以政府为生业的都市，其本身也许不能代表它自己地域旁界以外的一切，但在它小小的境域以内，吸聚了联邦内各州的许多居民。

本书只讨论到美国国内三分之二的居民。南部诸州的历史、传统和甚至大部分的人口，以及等而下之的得克萨斯州、农村式的新英格兰诸州、加利福尼亚州和全国的其他部分都有显著的不同，如欲对这种细分的文化，逐一作适当的讨论，非需要另一本像本书篇幅的书不可。除了本书第八章以外，关于这个区域内比较占少数的分子，无论种族上的、宗教上的或社会方面的，我都没有加以论列。还有一点也许需要特别说明，即我的叙述只限于过去十年中的美国人民。

不过即使把最显著的例外除外，如要对分布在半个大陆、数亿的人民，作准确的综论，似乎也是很困难的。这个困难的因素，在旧世界（欧洲）也许更有力量：因为在欧洲，由于多少世纪以来的孤立，各地有不同的传统，婚姻互不相通，结果所至，可以预料得到在不同人群及不同地域之间，将产生出重大的差别。不过美国的历史，除了少数例外外，却刚好缺乏这种孤立、地方传统和亲族通婚。大西岸沿岸以外大部分美国人民是在铁道兴建以前不久到达美洲的，很少人在同一地方，有过世代相传的历史，所以也缺乏那种对某一特别区域的强烈感情。在一世纪以前还是由印第安土著人和野牛出没其间的地方，是不可能有根深蒂固的地方传统的。当然在不同的地域之间，存有彰明昭著的差别；在有些地域，因为具有同一传统的移民占居绝大优势，所以呈显出地方的色彩，例如明尼苏达州的斯堪地那维亚半岛（丹麦、挪威、瑞典）人；威斯康星州、伊利诺伊州和宾西法尼亚州的德国人；马萨诸塞州的爱尔兰人；得克萨斯州的墨西哥人；路易斯安那州西部操法语的阿寇底恩（加拿大西南部法国殖民地，于1713年割让于英国，当地居民操法语——译者）人。还有些区域，大多数居民集中于一种行业，减少了居民之间的差别，限制了居民的希望，例如蒙大拿州的矿业，或怀俄明州的畜牧业，但这些只是一个共同形式的表面的变动而已。

一个专家可以根据语言习惯的微细区别，作精密的语言差别的分析，藉以发现出某一美国人在百里以内的出生地；但是就全国三分之一的人口、五分之三的地域而言，这种语音的差别，只是确定表明地方色彩的出身和教养而已。诗人惠特曼对于大部分现代美国的心理发展，曾经有明白的预见，用他的话来说，美国有种“民主的平均性和基本的平等性”；有了这种特色，才使我们能作性质广泛的通论。

此处也许须特别声明，这种民族性的概念，绝无否认个性差别的意思，也不是说所有美国人无不表现下文所述的种种特性。这个概念的全部意思，是指所谓一个人群的特色体系和行为模式，是指那个人群内占重要数量的人士所共同表现，而为其他大部分人所赞许或同意的；而且这种特色体系和行为模式，曾为形成整个社会生活制度的最有影响的因素。所以我在书内用“美国人”一词而并不加限制解释之时，读者不妨把这个名词的意思扩大，读作“美国人中占重要数量的人士”，或“大多数美国人的情形”，或“如与其他人群比较，美国人毋宁更倾向于……”——如果为了细密精确起见，经常使用这种累赘的词句，就不免使行文佶屈，不易阅读。

我曾检讨若干典型关系中习惯的和意料中的行为，如子女对父母、父母对子女、夫妇、爱人、朋友、邻里、商业同行和竞争者、资方和劳方、多数对少数、美国人对外国人等等，因而设法把根本的和形成美国人行动的恰切的主题，一一分别讨论。在技术上，这种研究方法，就其范围和一贯性而言，是一种新奇的方法。不过有一个重要的缺漏，书内完全没有提到宗教的任务，以及教区居民和教士间的关系。这是一种性质严重的缺漏；尤其是在农村方面，基督新教有极高的社会重要性，从它所产生的概念，具有极重要的影响力。这种缺漏，一方面源于我的无知，我缺乏足够的经验或知识，以作准确的概论。我虽曾一贯地把我所能取用的材料，作了一番科学的考虑，正如我对任何其他人类学材料所采取的态度一样，但因为我在美国时，并没有计划写这本书，所以没有存心收集我的材料。除了研究那个虔诚的合众教会教徒、人格分裂症患者以外，我在美前后所担任的各种职务，都无从和美国国内的宗教生活有一贯的接触。鉴于我对于那些有心理重要性的事件，完全只有间接或辗转得来的知识，所以我决定爽心完全置之不论。

本书是根据可以称为“心理文化”观点来研究美国人特性的第二本著作。1942年梅特女士著了一本《知己知彼》，“讨论美国人特性的长处和弱点——我们可以获取战争胜利的心理准备。”该书的主要目的，是企图“以我们所有的知识和真知灼见，在人类学家的本位上尽可能地帮助获取战争的胜利”。梅特博士心里存有这个凌驾一切的目标，所以集中全力于把美国人的道德原理作详细的分析，而除了少数偶然提及之处外，对于美国生活中这种道德原理不发生作用的领域，完全置而不论。书内关于美国人道德地位的说明，在我看来似乎极为详尽和完备，所以我不想再画蛇添足。我曾经对梅特博士的结论，作若干撮要的叙述，我也参考过她书内有关的各章。

梅特博士书中研究到美国家庭的特殊发展，启示了我所继起遵循的路径。在两书之中，存在若干重复之处是势所难免的：凡梅特博士已提出充分文证的各点，我仅以撮述她的结论为限。我没有参加任何的争辩；对这个问题有兴趣的专家，把两书一比，可以很容易看出有少数地方，我和她有不同的解释，至于我偏重不同的地方则更多。

我在知识上所得于梅特博士者，实无法作充分的表达。我在文化人类学方面所受的许多训练和所取的方向，我从她书中所得的关于美国人特性的资料，以及根据多年来长时期的谈话，使我关于英美特性的不同之处，有更进一步的真知灼见，我深受她的嘉惠。不幸我始终不曾养成把谈话内容摘记下来的习惯；所以在书内很可能援引了原来由她所提出的观念和公式，而没有作适当的声明鸣谢。我请求读者宽恕这种无心的失礼之处。

我曾设法使本书的附注不至太多，因此之故，我对于前人对同一题目的许多论述，有些是和我的见解相合的，有些是和我的见解抵触的，不曾一一注明。我曾由许多著作中得到透彻的了解，其中我愿意特别提出的，有布洛根的《美国问题》、兰斯威尔的《个人的不安与世界政治》、恺瑟林的《解放的美国》、托克维尔的《美国民主政治》（1846年巴黎出版）。赫顿的《如日中天的中西部》，或根斯的《美国内幕》，我直到本书完稿后才获拜读。

罗般曾替《幸运》杂志从优良的民意测验中，对过去十年作过一次系统的调查，我从这个调查中获得大宗的资料。我不愿在本书本文内，插入统计的表格，所以书内关于这方面的来源，没有作直接的援引；但本书内一大部分的陈述，都可参证《幸运》杂志的测验，获得统计的证明。

书内的材料，有许多是根据多年来在美国各地举行的谈话和讨论而得的。在当时我自己以及谈话的对方，都不知道后来我会写这一本书。所以对于他们所提出的、没有另外见之文字的说明或见解，不便举出提出者的姓名，以免有失公允。不过我自知曾由下列各人取得资料：奥登、贝特逊、本尼迪克特、乔治·狄逊和蒲加·狄逊、约翰·陶拉特和维克杜·陶拉特、厄列克孙、傅勒、浩尔、荷尔姆、欧文·加尼斯和玛乔丽·加尼斯、简宁斯、寇斯泰恩、恩斯特·克里斯和玛利安娜·克里斯、兰斯威尔·雷茨、保罗·林巴格和玛格雷特·林巴格·约翰·马夏尔和玛丽·马夏尔、麦克·梅和罗倍·梅、亚尔弗雷特·梅特洛和罗大·梅特洛、彼得·满陶克和卡门·满陶克、斐里奥·奈许和厄狄斯·奈许、考尼列斯·奥斯哥特和哈里欧·奥斯哥特、纳尔孙·鲍恩特和亨里泰、鲍恩特、罗伯茨、里奥·洛斯敦和柏里西拉·洛斯敦、约翰·索尔特和奥立武·索尔特、许纳特和斯庇尔、斯图亚特、乔治·泰勒和罗伯特·泰勒、玛丽·泰勒、约翰·魏廷和比特兰斯·魏廷和秦恩。我希望他们接受我的感谢。伦敦美国资料图书馆的馆员，曾对我提供客气的帮助，我也愿意表示感激之忱。

我特别感激伦敦大学和芝加哥大学的歇尔斯教授。他非常细心地阅读过本书的初稿，提出了许多的批评和建议，我感觉到它们大大增加了本书的价值。他供给我许多事实的材料，并且准许我采用从他最广博的知识中得来的若干概念或说明。可惜我未能获准在有关的地方，提出适当的感谢。

虽然我由以上的书籍和讨论批评，获益匪浅，但归根结底本书是以我七年多的经验和接触，以及构成我在美生活的爱情、友谊、争执、误会、复杂的谈判、不意的事件等为根据的。也许有人认为像这样的一本书，对于曾给我许多优惠的那个国家和她的人民，未能尽善颂善的能事，但持这种意见的人，一定没有了解写作本书所持的精神（我希望他们的人数不多）。为免除发生任何误会起见，我愿意郑重声明，我相信未来的和平与世界的繁荣，有赖于英美人民和政府之间的彼此了解与有成效的合作；我也相信，这种了解和合作，是防止再度战争的不可设想的恐怖，或防止极权独裁统制、程度仅略逊一筹的恐怖的唯一保障。但互相的了解，如果仅仅建立于幻想和伪见之上，是不能持久的；它必须以接受我们之间大不相同的特性和观察及解释世界的不同方式为基础。本书即为求对这一种了解有所贡献的尝试。

目 录 contents

[第一章]

欧洲和被丢弃的父亲

1943年7月对西西里的海陆进攻，表明西方盟国重新回到欧洲，这是一件很重要的事。尚未显身手的美军，亦参加进攻的战役，在刚开始登陆以前，指挥美军中某一军团的巴顿将军，向他的部队发出了一个命令，以提高他们的士气，并使他们深切知道登陆之举的重要性。命令的一部分内容如下：

> 等到我们登陆时，我们将遭遇德意的军队，向他们进攻并把他们歼灭，是我们的荣誉和特权。
>
> 在你们有许多人的血脉里，存有德国人和意大利人的血统，但要记牢，你们的祖先是如何的珍爱自由，为了追求自由，不惜舍家离国，远涉重洋。我们现在要加以消灭的这些人，他们的祖先，缺乏作此种牺牲的勇气，宁可继续过着奴隶的生活。

这位已故将军的公开风格是非常浮夸的；不过以上的几句话，确是以警句的方式，撮要表达出了关于美国人的许许多多有心理暗示性的真理。

“你们的祖先……舍家离国，远涉重洋……”驱使这些移民远涉重洋的主要动机，究竟是否因为他们在道德上爱好自由，还是出于比较近于物质的欲望，为了要追求更大的机会，更好的生活水准，或自由的土地，在此处倒无关重要；所重要者，巴顿将军部下大多数人的祖先，大部分确是由欧洲移来，曾经离家弃国，舍弃了他们出身其间的价值和传统，等自己的子孙长成，接纳了与他们自己所有的大不相同的价值和传统，讥嘲及拒绝了移民心不自主所保留下来的任何欧洲人的习惯及思想方式。

1860 年美国的人口，包括移民和土著，白人和黑人，老的和小的，统计有 1300 余万人。在此后的 70 年内，有 3000 万欧洲移民远涉重洋，变成了美国人。现在美国 1.8 亿的白人人口（1940 年人口调查），其中有多少人的祖先是在 1860 年以前抵美的，有多少人的祖先是在 1860 年以后抵美的，现在难有精确的计算；但值得提出的是，凡定居的人口，包括各种年龄的组别，而移民的人口，其中绝大多数为正达生育力最强年龄的青年男女。

“你们的祖先……舍家离国……”这种移民，除了少数例外外，并不是以殖民者的身份而远涉重洋，想在海洋的对岸，复制他们本土的文明。因为地理的隔绝，他们准备尽力所能及，放弃所有他们的过去：他们的文字以及只有该种文字所能表达得出的思想；他们从小受教要遵守的法律和忠顺心理；他们祖先以及过去本国同胞所具的价值观和稳妥的生活方式；甚至一大部分习惯的饮食、衣着和生活方式。他们大部分人同时也逃避了歧视性的法律、严厉的教会制度下的社会结构、强迫性军役、妨碍有进取心者的向上机会和他们渴望实现的目标的权威性限制。但家园和故园是不能零零星星舍弃的；此外必须同时放弃许多其他的维系和牵绊；移民必须个别设法改造自己，变成为美国人。

不过移民除非在儿童时代便移入境内，或者具有非常强的心理适应能力，否则要完全改造自我，实属不可能。文化是极强有力而无所不在的；一个人在极年幼的时候，便获得了代表地方文化的民族特性；单凭意志的力量，不足以改变那种出于看不出和不自觉来源的动机与宇宙观的方式；大部分人类是不能以潜心考虑来自行改造的。所以多数的移民，虽然尽可能地舍弃欧洲的一切，本身仍为不完全的美国人；他们本人，他们的特性，他们的思想方式，甚至往往他们的语言腔调，仍带有他们所舍弃的欧洲式的痕迹。但是他们自己虽然不能改变，他们的儿女，却可以脱胎换骨；公立学校，有时再加上邻里的帮助，可以把他们的子女，改变成他们自己所绝不能做到的百分之百的美国人。一待这种脱胎换骨实现，子女又会排斥他们的父母，视其为流于老式、无知和在重要的方面带有外国的气味。移民的父辈，把他们的子女改造成美国人越成功，使他们的子女完全摆脱其他的效忠心或价值观念，则父亲一代的外国色彩，越发成为自渐形秽和羞辱的根源，父亲一代作模范、指导和榜样的重要性也越发减少。至于做母亲的，不管操何种语言和具何种生活方式，因为她是爱抚、食物和同情援助的根源，所以仍保持情绪方面的重要性。但如果儿子长成得同父亲一代一样，其成就不能胜过父亲，具有和父亲同样的品性，则无论在父亲在儿子，都将同样地认为失败了。

第一代移民与第二代子女之间连续性的中断，我认为对于现代美国人特性的形成，具有极重要的作用，如用发生学作比，它们产生了也许可称为美国变种的结果。在差不多所有世界各地、以及在许多时代中，确曾有过个人改变效忠国籍，和看到他们的子女接受了他们所陌生的特性与价值；不过在这种其他的例证中，移民的人数比起他们所迁往地方的主要人口数，实在微不足道。而在美国的许多地域，特别在城市中，移民的人数大大超过了原有的美国人口。在其他的例证中，拒绝视父亲为指导者和典范，只是个人问题个别方式的解决，而在美国，这一种行为，也象征他们接受了他们向之保证效忠的那个社会的主要价值。第二代的美国人，每人都须拒绝承认他出身欧洲的父亲，可以作为他的典范和道德的权威，其光景与美国之由排斥舍弃英国而成为独立国家的情形如出一辙，益发显出了前者的重要和强度。

18世纪下半叶随着美洲殖民地脱离英国而附带发生的心理和政治变迁，在现代史上是不易找到相同现象的。直至独立宣言和战事爆发前13年，殖民地人民对英国的效忠似乎是一向没有问题的。对于地方事件，他们大部分自己处理，但是他们自认为是英王的忠诚臣民，与各地英王的臣民程度相同。他们的观感，他们的制度，他们的哲学，他们的宗教，全都出于英国；其与英国标准式的差别，并不大过英国各地之间的差别；新奇的外国观念（尤其是由法国来的），其在美洲殖民地的影响也并不比在伦敦的影响大。

自1763年至1776年，因为英王乔治三世及其若干阁员采取了一连串高压的和专横的措施，把殖民地置于较国王其他臣民为相形见绌的地位，未获他们同意便实行征税驻军，干预他们的商业活动，摧毁了殖民地占重要数量的人民的效忠心理。他们用了维护英国精神的名义，来抵抗这种违反英国惯例的行为。等到请求纠正的公认的法律方法，因为国王及其阁员态度盲目顽固而全无成效之时，这些殖民地人民，仍根据英国的先例而行动，武装起来保卫"英国人的权利"。

在旷日持久、极端危急的情势之中，殖民地多数的人民，包括最有势力的人士，抛弃了向英国效忠的心理。这种抛弃，是否认一般所承认的、唯一的具体威权，在当时并无取而代之的意思。美利坚合众国的诞生，正以否认权威而著称：权威是强迫的、独断的、专制的，在道德上是错误的。

美洲13个独立殖民地在11年之中，各自分别采取往往互相冲突的政策，靠一个无权无勇的自由民众的联盟，作为彼此之间的唯一联系。但这种差不多无政府的状态，使全联盟陷于几乎完全破产的境地，表明如无某种中央的威权，各独立殖民地则不能再继续生存下去。1787年乃有制宪会议的举行，计划成立一个联邦政府，具有为合众国独立存在起见所必不可缺的最低限度的权力。这种讨论结果所订定的非常文件，即为美国的宪法。其特别值得注意的地方，是用极巧妙的方式，对政府的权威加以慎重的限制；所有互相牵制、以求平衡以及三权分立的制度，用意都在于筑起无法逾越的法律界限，使一个人或团体不能有过度的权力。

美国共和国的诞生，与弗洛伊德所想象的文明与图腾仪式制度起源时的神话景象，在若干重要方面颇有相似之处。照弗洛伊德的“如此云云”的故事，受压制的几个儿子，联合起来杀死了专横的父亲；接着心头感到犯了滔天大罪，又深恐兄弟中有人会起而代替被暗杀了的父亲的地位，于是他们立了一个公约，以全体放弃父亲的权力和特殊地位为基础，确定兄弟之间法律地位的平等。英国、英王乔治三世和诺斯勋爵的英国，代表那位专制暴厉的父亲；美洲殖民地的人民，代表阴谋弑父的群子；而独立宣言和美国宪法，代表诸兄弟所订的公约，以共同放弃所有支配人民的权力为基础，使全体美国人都得到自由与平等的保证；这种支配人民的权力，是那位父亲最令人痛恨、也最惹人艳羡的特权。

这自然只是由一个寓言引申出来的比喻，但它也表明了若干有心理重要性的真理。自从美国成为独立国家以来，出现了两个成为美国国民性的大题目。一个是感情上的平等思想，认为所有（白）人，一律平等；认为一个人如果奴役另一个人，其行为不仅应遭到唾弃，且应以法律加以禁止；人人皆有平等的机会和法律地位。另一个是相信支配人民的权力，在道德上是可憎的，并且是应该加以抵抗的；怀疑别人夺取权力的心理，只有唯恐不够；必须把国内居于必要权位的人，视作潜在的敌人和篡夺者。美国人所珍重的平等，过去现在都是建筑于他们政府的荏弱之上的。

移民的子女在学校里学习成为百分之百的美国人时，他们在教室以内，在他们的功课以及历史与公民的课本中，在教堂说教和展示爱国性庆祝活动中，他们继续受熏陶，理解以上各种的教训。照这些欧洲人的子女看来，课本上的英国成了一个集压迫与虐政大成的怪物，而抛弃向英国效忠之举，变成了一件单纯的事，把附随历史事实而起的毁誉不一之见，几乎全部抹煞。反对权威成了一种可以赞美的典型的美国式行为；子女之反对由父亲所代表的家庭权威，不仅出于个人的动机，而且还获得社会的赞许，而具有欧洲式特色和教养的父亲，往往需要子女作过度的服从。但是个别的父亲，是否妨碍或帮助他的子女变成与他们不相同的人物，是无关紧要的问题；为造成一个美国人，就需要拒绝以父亲为仪型、为威权的来源。这一点，作为父亲有时候很难理解。变种一旦确立，它就将继续维持下去；因此一个美国人与他的移民祖先不管中间隔开多少世代，他总是不认父亲为权威和仪范，而且也预料到他的儿子，会对他表示同样的排斥。

心理分析理论是在欧洲发展的；根据欧洲流行的社会及家庭结构，似乎尽可合理地说，国家内部操有威势权力的位置——国王、教士、警察、军官等等——都是父权象征性的扩张。不过这个说明是建立于不合理的假定之上的，即假定家庭的形式和父母的地位是处处相同的，且所有各地做父亲的都是具有威权的望之生畏的人物。较为准确的概论，毋宁是：在某一时代某一社会内，各不同情境下权力的各种形式，有彼此相似的趋势，各不同关系内同时并起的居高支配和在下受制的情感，仍保持相同的状态，并互为影响；做父亲的，根据他社会内威权者的典例来塑造他的行为，其方式真好比儿童根据他对自己父亲的态度，来解释社会上的权威代表。一个美国人等到成为父亲之时，他不免趋向于根据和所处社会所抱价值观念相称的方式，来维持他的地位；他对新生孩子在生物学方面所占的优势，必须与社会为一般优势地位者所规定的适当行为相称不悖。

美国人现在对权力所抱的典型态度，与草订美国宪法者的表示的态度，实质上大体相同：权力的本身是恶劣的、有危险性的；为了国家的继续生存和发展，不免有若干人必须赋具权力，但对于这种权力必须尽法律的能事，加以框定和限制，对居于权力位置的人，应该加以经常的监督，并且应该把他们视为潜在的敌人，予以戒备。

这种对权力概念的态度，包括对人支配人的权力、以及对居于权力地位者所抱的态度，实为了解美国人特性与行为最基本的因素。这种态度远非限于政治上而已，因此如举例而言，就与爱尔兰或希腊的情形大不相同。在这些国家以内，“反政府”虽为公认的和体面的政治立场，但教会的威权在爱尔兰，和家庭的威权在希腊，一般而言始终没有遭受质疑。另一方面，这种态度除了绝无仅有的例外以外，其间并不含有像西班牙或19世纪俄国那种无政府哲学思想的抽象理想。它们虽有政治的含义，但归根结底具有道德的性质，即认为凡是“压迫别人”的人或制度，都是恶劣的，违反良好情感的，和绝对可以非难的，支配别人的权力被视为一种霸道，而追求这种权力的人，则被视为罪人。

这种态度具有多种含义，而且影响及于美国人生活的几乎每一方面。因此本身具有运用权力以支配他人性质的行业，成了最被人瞧不起和最受怀疑的行业。在平时为政治，在战时为军役。凡是以改善自己社会地位或赚钱以外的任何目的加入这种行业的人，都是重大的嫌疑分子。美国有若干家族，主要位于南部及西南部，差不多以军官的事业为家族中世代相传的行业；但是职业军人的主体，都是西点军校（陆军）和安纳波列斯大学（海军）的毕业生，而向军官训练机关提名入学志愿人，却是国会上下议院议员们培植势力的政治行为。国会议员依法有提出这种保荐的权利，他们把拥护他们的贫苦而可造就的子弟，保送入学。如果一个有才能的青年，既不经提名，又无家庭的传统，却宣布他想充任一位陆军或海军军官，那他就会受到重大的猜疑了。

被大家相信是为了图个人的利益，为了赚钱，或为了改善自己地位而参加政治的政客，并不被视为嫌疑犯。这是被认为正常的和可以理解的，是在近于合法范围以内的行业，正同簿记业或在禁酒州内违禁贩酒的行业一样；它不是可以钦佩的或特别可敬的。但假定不至太藐视法律，则让现成有人可以替人“弄到”车票；可以替亲戚中比较庸碌的，在公家机关中弄到一个差使；或保证公众工程建筑，交给适当的行商承包，也有极大方便之处。支配美国大部分大城市的政治“结党”行为，并没有受一般的和普遍的道德上的斥责，正好比对违禁贩酒者并无普遍的道德上的斥责一样；国内确是有许多人希望最好不要有政客和违禁贩酒的私贩，但是无人认为两者中任何一者威胁了社会的安定。既然法律、以及必须执行法律的政客代表权力的一面，那么美国人一般的态度必然包含种种矛盾：一方面最好别人都能奉公守法，政客最好不理睬别人的呼吁，另一方面一个人不应大受妨碍，或太驯顺地服从；而投票选举一个绝不会对我有好处的人，亦属愚拙。惠特曼向美国所提出的劝告“多抵抗，少服从”，就大多数个人而言，结果成为懒怠无为。所以在近几年，若干参议员的彰明昭著的舞弊案件，虽经暴露，但并没有引起表示诧异的愤慨，人民的一般态度，倒好像有点认为不幸言中的光景；一个人能希望些别的什么呢？他们的舞弊营私，至少保证他们参加政治只是从中牟利，并不存恶毒的野心用意。

为了个人直接利益以外理由而置身政治生涯的人，都是极大的嫌疑分子。他也许暗中贪婪地寻求权力，因此对他必须实行最严密的监视，务使他无从满足他这种邪恶的欲望。我确切认为，美国正因为有这许多最受人尊敬和最可尊敬的人士，所以对已故罗斯福总统及其一家，抱有几乎近于病态的仇恨心理者，根本的原因即属于这种道德的态度。关于这种仇恨心理，曾有过各种自圆其说的解释，但即使各种解释并无自相矛盾之处，其极大部分依然是虚伪的；不过这种仇恨心是足够真实和深刻的。但是在人口中没有充分同化和地位相对不稳定的人，却把他当作父亲一样的敬爱，大家感受到一种保护的慈祥的权力；至于此外的人则只看到权力，以及罗斯福显然乐于保持他自己的地位；结果不管他做些什么或没有做什么，大家都感到他将成为一种对公理的威胁。

这种对居于最高权力地位者所抱的态度，无可避免地造成了一种左右为难的情势，也许可以帮助说明拉斯基所注意到的强有力与荏弱的总统轮流迭起的现象。一个强有力的总统，代表一种道德的威胁；而一个荏弱庸碌的总统，即使他自己和他的属僚洁身自好，亦将使国家形势岌岌，陷于近乎无政府境地，因为按照宪法中缜密的规定，总统的权力是非任何团体所能越俎代庖的。

完全由只求自利的人,或由唯利是图、转移新阵地活动的“生意人”来组织政府，这种想法不管如何娓娓动听，总之不是一种实际可行的办法。政府本身是必须具有某种权力的，因此凡居于较高位的人，都不免带有这种罪恶的气味。这种表示道德上摒斥的观念，可以帮助解释为什么美国人对他们的政府普遍抱有鄙视的态度；不问由哪一批人执政，政府中的人都被认为是“他们”,实际上绝不会成为“我们”。政府是人民以外的东西，它的利益与社会的利益不同；政府的主要目标是增加它的权力，而公众的主要天职，便是抵抗政府扩大权力。大家承认，具有某种权力的政府是必要的，但公民务须保持警觉，把政府的权力限于最低限度。政府是必要的罪恶，但普通人专注于其罪恶的一面，甚于其必要的一面，它自然不能获人的尊敬。在叙述政府适当地位的谈话和著作中，最常用的譬喻，是把政府比作像棒球拳击一类运动中的公正人；公正人只能按照已有的规则（宪法）行事，不得自作主张；运动的真正目标为竞赛，但公正人自己是不能下场参加的；公正人的责任仅在于防止竞赛员有违反公道、偷巧的行为。在美国的运动中，尤其在棒球赛中，公正人并不受人尊敬：他常常遇到非难，偶然会受到球员的来势汹汹的威胁，至于受存心偏袒的观众的侮辱，更属家常便饭。不过美国政府中却是“公正人”的一面最难得遇到怀疑与藐视；对于最高法院和它的法官，是极难得有人怀疑其意图不当增加它或他们的权力的。

最高法院是政府中不受重大怀疑的唯一部分。任何增加政府权力的企图，至少在最初的阶段中，都会引起最大的道德上的愤慨和抵抗。这一点在提议政府负责设计的事例中，尤其显而易见。“偏好”私人企业，并不代表相信这种生产或分配方法一定比其他方法为好；凭理解而得的信仰，也不一定是一种掩饰，好在幕后保护私人追求利润的利益和希望；它实在是一种深切真诚的、半宗教气味的道德态度，也同印度教徒嫌恶宰杀牛一样，不接受理性的辩解。反抗政府规划既然根本上带有道德的性质，于是每遇政府有一次提议，就得从头斗争起。美国的田纳西流域管理局，也许是世界上前所未见的、大规模设计最成功的例证：在管理局开发之下，沙漠变成了沃土，摧毁一切的潮泛有了管制，整个地域的人口过着日趋富庶健康的生活，而整个事业在财政上足以清偿债务而有余；在这种情形下，人们一定会认为统一管制流经几州的河流，理由已经有了完全的证明。但是等到提议成立密苏里河流管理局时，仍须从头重新奋斗过。大家既认定权力的扩张本身为罪恶，且须加以抵抗，任何先例都不能改变这个事实。

这种畏忌权力的心理，使美国成为一个非军国主义的（“爱好和平”）国度。个人的乐于用武和社会的乐于作战，虽未证明或曾被假定在两者之间是有关联的，但在这类有关思想的范围以内，美国人对于用武或暴力并无特别讨厌之象。梅特曾经提纲挈领地叙述了关于用武所应有的规则：挑斗者不应下第一拳，被打的人不应比打人的一方瘦小或羸弱太多等。乡间和小城镇上的男孩子，为证明他们的男子气概，有时候真以一束木材放在他们的肩上保持平衡，如果有哪个人敢把他们肩上的木材撞倒落地，他们就将和那个人动手打架。而且除了这一类伦理的和友善的用武以外，在美国的商业、工业和政治生活中，暴力和暴力的威胁占有重要的、而且往往是主要的作用。在报纸、书籍、电影以及专门论述流氓和强盗故事的无线电广播中，曾经把没有法纪的暴行作过度宣张；这一类的活动，虽然不像外间宣传的那样常见，但无论如何总是有的。政党的统治，通常都是靠暴力和欺诈而维持的；直至最近，资方曾使用最大规模的加于身体的暴行，来阻止成立或增加工会；今日仍有许多工会，是靠使用加于身体的暴行，或以此为威胁来维持或增加会员的；

许多独立的企业和自由职业分子在同样的威胁之下，不得不帖然就范。许多美国人在他们的职业及政治生活中，都是深恐受身体的暴行，才不得不循规守矩的。大家对于凡能“采用”这种暴行的人，虽普遍在道德上并不赞同，暗中却流露一种敬慕之感；但对于那些“受得了”这种暴行的牺牲者，即能以勇气和镇静来抵抗虐待的人，尤其有更大的和更为公开的钦慕之忱。在美洲“平原印第安人”（指居住在洛矶山脉以东大沙漠区的印第安各部落——译者）中，凡能一面身受非刑，一面歌咏自如、至死为止的人，最受崇拜。这种行为，在现在住在他们故土上的人民中（即指美国人——译者），受到了相当的敬重。大部分数量在增加中的公众娱乐，尤其是无线电节目，都是以参加客串的人当众受辱为中心题材；而在美国“硬汉”派侦探小说中，通常照例有主角身体受到痛苦的一节。

所以美国人的反对军国主义，并不是因为一般人对于用武和暴力望而生畏；他们的反对军国主义，实起于憎恶权力；而在现在的军事服役中，势必包括纪律，听从军官的调派和命令。我在和退伍军人的谈话中，发现他们在战争中虽不把日本人当做人类，但对自己军官的恶感，甚至比对敌人还要厉害。由心理分析谈话所唤起的幻觉中，最得意的地方，是对军官实行报复、侮辱和叱责。幻想中最常见的，也许是恢复了平民身份的士兵成为雇主，拒绝了同样恢复平民身份的军官的卑躬屈膝的求职。

这种幻想也透露出权势与权力两者之间微妙的差别。支配人——即权势——在道德上总是恶劣的，支配事物，或被设想为事物的抽象概念（自然资源、货物、服役、货币、动产）——即权力在道德上是无所谓善恶的，而且在某种缺乏良好界限的范围以内，甚至还是大可赞美的。这种差别，其源于情绪的成分，过于理知的成分；在前面所举的美国士兵的梦想中，那位退伍军官的生活，其所受的重大打击，是消极的被排出于大门之外，而非积极的受到强制胁迫。在美国公众生活中发生的大规模的社会经济变动中，一般人怀疑合法的权力正在转变成为不合法的权势；20世纪之初，则为对当时以洛克菲勒为代表的大资本家，群起攻击，结果遂有反托拉斯法的通过；最近为攻击以路易斯为代表的强有力的工会领袖，结果遂有许多反工会的法律形成。至于权力到了什么地步才变成权势、或有变成权势之虞，是可以理解而无法说明的；它是一种关于大小程度的现象。

因为权力，尤其是大的权力，有变成权势的可能，所以凡是居于大权地位的人，必须本身表示并无权势，或有图取权势的野心。他们必须尽力成为寻常的公民，具有与其他公民相同的利益和习气；不管他们私人脾气如何，他们的举止须和“同道中人”一样，欢然握手，外表亲热，记牢同群中人亲昵的名称，在接见下属之时，不妨袖管卷起，把脚搁在桌上，出口粗俗；如果他们有任何私人的利益，应该限于很单纯和人人皆能达得到的。洛克菲勒（在未获伊维黎干练的服役以前）所以不为人喜，可以说就是因为他未能表演出这一种公开的品格，而美国公众讨厌路易斯比讨厌他们其他任何同时代的人士为甚者，也是为此之故。

如果大权在握的人士不愿接受这种谦卑自逊的地位，这种地位也可能被强加到他们的身上。下面一个故事最可以显示这一点。有一次，势力强大、态度谦逊的摩根在被传至参议院一个委员会中作证以后，出门即被摄影记者包围起来，他们把一个偷带进来的小孩子，硬放在他的膝上，拍成了一张照片。从任何理性的观点而言，这件事是没有什么意义的，它只是一张不协调的照片而已；但是照片一经发表，便不胫而走，虽经多年甚至在摩根去世后，大家想起来仍感兴奋，证明这张照片具有极深刻的情绪上的重要性。这张照片究竟有了些什么影响呢？它并没有使摩根所有的、许多人认为有危险性的金融权力，减少一分一厘；但它多少使摩根暂时变成可笑的样子，它减少了他和权势人物相类似的程度；一个膝上坐了一个大孩子、满面惊异的人，不是可以激发别人尊敬或使人望而生畏的人物。

尊敬和畏惮，是对个人化权势最常见的情绪反应，所以列入美国人认为最痛苦的情绪之内，并且很小心地力加避免。他们一旦遇到了可能引起这种情感的人物或情势，便尽一切努力利用轻率、矛盾或罗织，把这种人士或情势贬低至不配这一种情感的地位。马克·吐温的《在亚瑟王朝的康涅狄克州的美国佬》和《海外的老实人》，也许是在文学方面表现这种反应的最显著和几乎最诊断入微的例证。除了著书立说以消除错误的情感作更为持久的努力外，报纸上随意闲谈的专栏，坦白写真的照相，以及文艺性的侧面描写，更继续发扬这种努力。在美军占领罗马后，有一位美国军人，于占领罗马的第二天爬上了威尼斯宫，模仿着墨索里尼向群众作大声疾呼演说的样子，被拍成了照片。之后美国报纸和新闻片，几乎家家都曾予以登载，它就是美国摧抑权势态度的一个愉快的象征。它也许全无政治的含义，它的意义即在于把这样一个权势的象征，降到了每一位美国母亲所生的孩子都能达到的水准。

美国人之所以对温莎公爵的婚姻生活，发生如此持久的兴趣，以及美国报纸之所以连篇累牍刊载伊丽莎白公主的婚姻，一部分即出于同样的理由。这并不是如有些天真的外国观察者所说，美国人对英国王室有什么恋慕的心理，实在只是把那些可能引起人们敬畏之心的人物，降低到最普通的凡人的水准。

美国有许多人，对天主教抱有剧烈痛恨和政治性的反对态度，一部分的因素，亦即出于同样的感情。在近年中，这种反天主教的感情只有过一次的表面化，即1928年民主党总统候选人为天主教徒之时（指A.E.Smith——译者），但通常为了政治的和商业的理由，而保持缄默，因为全国人口中有近六分之一为天主教徒，而且也许是国内组织最良好的集团。不过这种反天主教的情感总是存在，有爆发的可能，而且也不限于穿黑色睡衣的病态的顽固分子（指三K党，该党以反黑人、反犹太人、反天主教徒为宗旨——译者）。教皇是世界上不能硬把一个孩子放在他膝上的唯一一人，也不能把他卷入桃色纠纷之中，也不能拍拍他的背，对他作亲昵的称呼。

除教皇以外，斯大林也许是最不易把他作合于人情的处置的人了，最难把他表述成与其他人差不多类同的人物，但在第二次世界大战中，希望和苏联维持友好关系的时期内，美国的记者相当卖力，对乔伯伯（Uncle Joe 斯大林第一名为 Joseph，美国人为对人表示亲热起见，往往将名之尾部略去——译者）的家庭生活，作了一番精详的描写，其中包括一次谣传的爱情事件，而最为愉快精彩的地方，为斯大林的烟斗不离口，他最欢喜的烟草，就是美国一种普通市场上能买到的烟草，在美国街头角落的药店（美国所谓药店，往往兼售化妆品、文具、点心及烟草等等——译者）内都可以买得到。

在这方面值得回忆的,即美国人对于日本人向他们的“天皇”所表示的尊敬和畏惮，有极度的道德上的反感；他们感觉到所谓“天皇崇拜”，是民主政治直接的敌体。所以他们对于新闻记者和联络官员一旦得到政治安全许可，便把日本天皇裕仁的地位，在日本人的眼里降低至与寻常人一样（或者至少希望如此），不禁发出近乎神圣的欢欣赞叹。过去美国政府不准在战时进行这种工作，曾成为引起最剧烈攻击和怀疑的根源；这种自制的政策，虽经时势证明完全准确，但若干被认为对这种政策负主要责任的人，曾因此不得再在美国政府中继续任职。

这种关于人与事之间的差别，在畏惮的情感方面也同样正确。对人表示畏惮，常是痛苦的和不可宽恕的；但对事，或对视为事物的抽象思想表示畏惮，则在许可之列，而且在有些情形下还有表示敬惮的义务。国旗，例如代表自由与民主一类的抽象体，若干与美国初期历史有关的建筑物和地点，例如自由钟、林肯纪念堂及亚拉摩建筑物（为美国得克萨斯州赛多尼亚城一教会建筑，于1836年1月为墨西哥人围攻，于3月被墨军占领，美驻守部队全被歼灭——译者），都是可以引起畏惮和尊敬的适当目标。大规模的观念，也自然可以附带引起长惮之感。

美国青年，在他们整个发育成长的年龄内，曾不断地努力认识权势，以及对于设法运用权势的人，应抱何种适当的态度。结果等轮到他们做父亲的时候，发现他们对儿女的适当地位的期望，因为社会普遍反对人对人实行权势支配的消极制度，已被规定和限制了。即使他因冲动而想独占他的子女，要子女对他作无条件的服从，他也不可能得到他的妻子、邻里和社会的支持。国家内权力分配的模式，在家庭之内也有雏形的表现，父亲好似代表行政部分，母亲代表立抉部分，以学校教师为领袖的邻里，代表司法权力。子女的地位与人民相似，利用一种权力来抵抗另一种权力，采取由相制而达平衡的办法，以维持他们的独立。这个比喻，虽不免有点推之太远，但确能表示出美国寻常家庭结构的特色，与欧洲方面常见的父权家庭的景象迥然不同，反而反其道而行之，把父亲的权力全部不加改变地移交给母亲。

因为美国的许多社会制度，许多法律和若干宗教都源自英国或欧洲，遂使美国家庭实际结构的图像，显得格外混乱。家庭的形式，除了最贫苦的黑人以外，仍旧是父权的；子女仍取父亲的姓氏，虽然现在以母亲的闺名为中间名字者已经很普遍（西方人姓名一般包括三个名字，其第一名为受洗礼之名，最末一名为家族名，例如罗斯福总统全名为Franklin Delano Roosevelt——译者）；妇女最近才获得全部的公民与法律地位的平等，但许多最显著的荣誉位置，仍专为男子而保留。不过形式虽然相似，但美国家庭的内容却和欧洲及亚洲大部分的父权社会大不相同。

在儿子被改造的过程中，第二代人最有切实的经验，即认清所有美国父子之间的关系与期望，做父亲的决不能独断独行。即使他并非是有缺陷的美国人，但既为父亲，照说就几乎一定是传统的，不懂其子女所醉心的时髦和潮流，不惯于子女所爱好的新近流行的玩意儿。他不是，至少不能长期成为供给儿女以新知识的根源。他也同他初移至美国的第一代父亲一样，并不希望他的儿子们像他，从事同样的行业，或保持安身于同一社会阶层。如果他的儿子们能强爷胜祖，赶在他的前头，那就是他的骄傲和他的价值的证明。除了他根本是男性一点，父亲并非是一种希望儿子效法的仪型。

以上曾对父亲的地位作了消极方面的解释。他积极的方面有何作用呢？首先他是、或者应该是家庭中赚钱的人，尽一切努力使子女能受比他更好的教育，拥有更良好的“背景”，获得更良好的机会；他的主要的任务，即在于使他的子女能超过他。他可以、而且应该使其子女能够向邻里夸耀他的权力，“我的父亲比你父亲高大、强壮、富有和能干”，藉以改善其子女与邻里的比较地位。他应该是儿子们的一个“伙伴”，帮助训练他们具备一套专为男性而设的关于战斗、游戏、狩猎等的技术。他应该支持母亲和教师所谆谆教诲的道德观念和规则，并身体力行。

就最后一点要求而言，言论与行为之间一贯存在矛盾。一待儿子们过了儿童期以后，在父子之间就有极普遍的串通勾结的现象，共同抵抗或躲避家庭及社会行为中女性的规则；从“不要给你母亲捉住”这一句惯用语中，便可以看出这种沟通“阴谋”。美国父子间最愉快的关系，似乎就是根据他们的男性立场，共同抵抗女性的要求。在相对不大愉快的家庭内，父子之间的对立，因早年潜移默化中所受的母亲的爱护抚慰，而打破了他们的团结；等到儿子达到青春期及以后，关于何时使用家庭的汽车，听些什么无线电节目，和选用些什么作为父子必须共同分享的便利，父子之间更容易有公开的冲突。在这种争执中，父亲往往是失败者。在美国，年轻人普遍把自己的父亲称为“我的老头子”。美国是属于青年的。

除了《纽约时报》是显著的例外，几乎每一家报纸都载有滑稽连载，一般至少有一面。它们是团结几乎所有美国人，使他们享受一种共同经验的少数重要联系之一（第二个联系是电影，第三个联系是总统选举）。一个人离开大城市和大西洋岸，越往内地走，报纸上刊登国际新闻、甚至国内新闻的篇幅越少，而关于地方新闻的篇幅越多。但是实际上没有一家报纸，吝啬到连全国性发行的滑稽连载都不登的。所以一个人在作全国旅行时，他可能不晓得国会或在联合国会议中发生了些什么，但如果不晓得"超人"、阿勃纳、巴洛加、华勒特（以上皆为美国报纸流行滑稽连载中的主角——译者）以及这些全国发行的幻想连载中其他主角的最近的冒险故事，就不可饶恕了。

这种连环插画中最早、最流行和今日仍在继续刊载中的一种，题名为《怕老婆故事》。故事中的主角杰格士和麦琪虽仍有他们的信徒，但故事的内容和技巧，在今日似乎已嫌陈旧和太古怪了。《勃朗第》也许更可以表现出关于美国家庭流行态度的观感。《勃朗第》是容许时间发生作用的少数连环插画之一——就我所知还有一种是《汽油路》——在其间主角由孩提而至成人，成家立业，生男育女。这些插画因包括时间的因素，所以虽不免大有牵强附会之处，却具有那些无时间因素幻想插画所缺乏的现实感，并表现出美国生活中许多共同的形式。《勃朗第》中的主角，是一位沉静、漂亮、衣饰入时的中产阶级妇女，插画中包括她家庭生活中一连串不连贯的具滑稽意味的插曲。她的丈夫达格渥特，是一位不修边辐的办公人员，他每天早晨必须赶公共汽车上城里办公；一般说他是庸碌的、无能的、贪婪的（他常常偷偷溜到厨房里做稀奇古怪的三明治吃）、耽于感官爱偷懒（在办公室和厨房以外，他的许多时间花在在沙发上打瞌睡或在热水浴盆中赖着不起来），平常脾气温顺、态度随和，但偶然也会突然冲动，作毫无结果的狂怒。在早些年，喜剧的内容，主要叙述勃朗第利用巧妙的技术，使他们得以脱免由达格渥特闯祸而造成的恶果。他们结婚几年后有了孩子，第一个生下来的是儿子，名叫亚历山大，酷似他的父亲，最近又生了女儿歌姬，像她的母亲。在我和达格渥特一家分手时，亚历山大已进学校，在他和父亲日占上风的对垒之中，引出了许多滑稽的事件。

书中的达格渥特虽然不免夸张过当，但代表对于美国丈夫和父亲所抱的一种极普遍的态度。达格渥特是和善的、尽本分的、勤恳的，在他限度以内用心甚好的；但他已经放弃了任何权势的要求；要没有勃朗第的逢凶化吉，家庭即有涣散和大祸临头的危机。

[第二章]

母国

一般用以代表美国的画像有两个。一个是极端瘦骨嶙峋的身材很高的老人，他的灰色的胡子修剪成为老式的颐下美髯，他穿着过去时代的服装，饰有美国国旗的星条花纹。一个是肥硕的母型女性，穿了古典式的飘动的外衣（现在结婚等典礼中已婚妇女所穿的礼服，仍极似这种外衣），头上戴冠，一只手里执着一把火炬。在招贴、讽刺画或徽章上，为表示美国起见，常轮流交替使用这两个肖像；就我所知，在什么情形之下应该用哪一个肖像，并无公认的规则。

“山姆大叔”基本上代表美国的政府，主要用于代表政府有所要求的方面，偶然用于磋商方面，等到要求人民作牺牲或忍受损失之时，“山姆大叔”就列于前茅：“山姆大叔”需要你或你的孩子参军；“山姆大叔”要你以储蓄购买战债；“山姆大叔”需要你的钱缴付租税；“山姆大叔”要求为了支持战争起见，少用电话、运输或电力。这是他最常见的任务，他是代表一个受轻视的政府最不愉快和带干涉性方面的具体表现。偶然在讽刺画中，画成他和其他各国政府谈判，图中虽把他画成一个精明强干的商场老手，但几乎次次不免受到同伴的欺骗、掠夺或欺诈。偶然“山姆大叔”从“人民的钱”中拿出一部分，送给其他国家或送给特殊的美国人团体，其中有些是值得给的，例如退伍军人的年俸，但以养活带寄生性质的人更为常见，例如建设工程管理局（W.P.A.）养着一批艺术家、舞蹈者和懒惰分子。须附带一提的是，在讽刺画中把“山姆大叔”画成救主，所拯济的有价值的分子，我记得寥寥可数；而更为普遍的则为接受恩惠的人，他们对于这种非分的所得，也许良心上有点不安。

以上关于“山姆大叔”职务的摘要叙述，可以解释大部分美国人对于这样一个肖像，为什么采取消极的态度。我曾引为乐事地询问过许多美国人，问他们和自己“山姆大叔”之间，究竟有什么象征的关系。没有人承认“山姆大叔”代表他们若干的特色，虽有“大叔”一词，但多数人否认和他有什么亲属关系。由他的衣着可以断定他的时代，而大多数美国人的与他同时代的祖先，并非像他那样是新英格兰人。他们同他没有关系，无所谓爱也无所谓尊敬，但对他最好勉强服从。政府是非有不可的，但制造政府的人真是该死。

至于自由女神的情形就大不相同了。她代表慷慨大度的美国，从她的无限供应中倾倒出源源不断的珍贵财货。她代表自由之地的美国，手里高举火炬，为迷途者照耀出通抵民主的大路。她也代表机会无尽的美国，凡精勤奋发的才智人士，都可以得到她的宠爱。

自由女神像——“自由照明世界”——之被奉为偶像的历史，是很有趣的。她到美国的时间比较迟，是由法国人民送给美国，于1876年运往美国作为美国独立百年纪念的礼品的（此地顺便一提，法国是习惯于以女性肖像玛丽安代表自己的唯一大国)。神像的设计者为一位热烈爱慕美国的法国人巴沙尔提,他用他的母亲夏绿蒂做塑造女神的模型。她被置于纽约港外倍特罗岛上,背对大陆,面向海洋,成为来美移民或倦游归来的国民,抵达国门时触目所及的第一个重要景象。在女神像的底座内,刊有一篇最美丽铿锵的铭词,"提供慈母般的关怀和欢迎",可是这个诺言在最近整整二十年内并没有兑现。她成了游客去纽约观光参观的对象;像是中空的,游客们可以爬上她的身体,从头冠的罅隙处凝视纽约及其港口。她并不是一种要引人敬畏的对象或景点;普通人对她通常有一种熟悉和爱好之感。纽约人是绝不来参见她的,除非在不得已的情况之下,应"乡下亲眷"之邀,才来此盘桓一下。

我之所以详细讨论这两个肖像的含义,并非因为我对于偶像有何单纯的爱好。这两个像,以象征的速写方式,表现出了一个重要的心理真理。美国就其慈善、富饶、理想的方面而言,照(美国人的)设想是由女性代表的,只有在攫取和需索的方面,才由男性代表。美国国土的本身(在较老的偶像中,以哥伦比女像代表美国)是女性的;为取得这片土地,曾有时用求婚的方式,有时用引诱的方式,有时用强奸的方式。

美国这种崇拜女性的光景,并不是一下就充分发展长成的,像希腊神话中由宙斯大神的头里,突然跳出雅典女神一样;在它发展过程之中,随着时间而继续长成,现在还看不出将有何样的结局。

在上一章中,曾提纲挈领地说明美国人在道德上反对一般的权势，而家长的权势尤为众矢之的。为符合这样见解起见，儿童在长成中应该不受任何权势的限制（在若干更热狂的以进步自诩的学校内，曾尝试实现这个目标），但在实践之中，这一点被证明是不可能的。全无管束、全无训练的儿童，不只是对他们自己太危险，对家长亦为受不了的障碍。儿童之完全不受公开权力的限制，原是理想，美国之接近这个理想的程度，也许要超过任何其他西方的国家；但是某种的权力总是要的，总要有人执行奖励良好行为和惩罚不良行为的任务；父亲的地位既然差不多等于名存实亡，那么这种职务的绝大部分，也就由母亲所接管。

父亲对他年幼子女所具的家长地位，通常是一件人工的产物，因为婴儿在生物上是倚赖于母亲的，而且母亲足够负起照护的责任。但人类并不单纯过生物的生活，在大多数的社会中，父亲在训练子女、特别是儿子方面，在奖赏许多的行为和惩罚嫌恶的行为方面，常占重要的地位。父亲这种地位变得废退不全的情况，殆没有再比美国为甚的。

在一切社会中，父亲具有社会的作用，母亲占有生物的作用，这两种作用的对比，也许可以帮助解释为什么在美国的家庭中母亲占有比较优势的地位。在最紧要的移民第二代里，父亲因为具备种种缺点，不足为儿女的仪型，加上一般人对权势又持反对的态度，遂使父亲的社会作用大为削弱，而母亲的生物方面的重要性，则始终大体维持。她也许和丈夫一样，是旧式的和带有欧洲的思想色彩，但这些缺点不会妨碍或侵犯她照顾、爱护和养育儿女。对母亲是不能像对父亲那样置之脑后的，而且公众的态度也没有作抛弃母亲的要求；这样一来，母亲就成了美国家庭中占支配地位的亲长，其所以如此，倒不是她对于过度的特权或势力，有任何的要求，应该说是因为父权名存实亡的水到渠成的结果。

关于在近代美国社会中妇女占有毫无疑问的高位以并产生深远的影响，曾有各种其他的历史解释——例如边境的继续扩张和美国历史上重要时期内妇女的极端缺乏等等。这些也许是有影响的原因，但它们当然不能解释一切。这种解释中所说的情形，原不是独一无二的现象。19 世纪的澳洲和新西兰即有极相似的现象，但结果却大不相同。

美国的母亲僭占了，或被驱使包办了教养子女的主要任务；而在大多数其他社会中，教养子女的任务是由父亲或由父母共同担负的。这个事实，对于儿女的性格，曾有深远的影响；而且因这也不是一种新奇的事情，所以也影响及于成人的品格。

我们对于个人的受伦理思想影响的道德品格，其如何形成的途径，现在已有相当明白的了解。在揭示某一种道德品格的社会之内，对父母（或父母的代替人）用奖惩的方法来训练儿童具有一种伦理的观点，凡儿童的行为合于规定的道德标准，则加以厚爱和奖赏，如果他们有违背标准的行为，就要失去欢心，受到惩罚。即使父母不在身边的时候，儿童也会采用想象意料的方式，学习合于那些道德标准的行为，就好像父母在身边表示出喜或怒、奖或惩似的；继而儿女的行为习惯成自然，好像把他们父母的赞许和反对的态度，接收而变成自己的一部分。这种出自内心的统制，成为整个人格的一部分，心理分析学家称之为“超我”，在日常用语中称为良心。

美国人的良心有一个特异的特色，即它主要带有女性的色彩。因为在训教儿童和实行奖惩方面，母亲占据主要的地位，所以良心中所包纳的母亲方面的成分，要较父亲的成分为多。责任与正常行为变成了女性的形态。

这种情形，使将来为人母的美国女儿的地位，特别舒服而直接明白，并且帮助我们解释为什么这种情形得以继续维持，和为什么美国妇女具有那种显著的安适和怡然自得的状态。但就美国男性的儿子而言，情形就要远为复杂和纷乱了。一个道德的、训诫的和指摘的母亲，好像就置身于他内心之中似的，随时牢牢跟着他。在所有被认为发生道德考虑的方面——在美国这尤指人与人的关系——男人的一举一动，似乎是听命于（或者反抗着）道德上的母亲所宣告的规则和禁戒的，因为实际上的或存在于内心中的母亲，不单在她和其他女性表现身手的领域以内为儿子规定好什么才算正当的行为；即使在她和其他女性不能有所成就的领域内，也制定好了行为的规则。梅特女士曾经详述美国母亲如何教孩子在什么时候战斗（但显然不是如何战斗），以及美国男子如何设法在母亲的保持和平的训诫，与他自己保持不屈不挠两者之间得到调和。同样她也要求她的儿子应该成功，虽然她不能说出他应该如何实现成功。她的规则和明白的禁戒，甚至伸及男子性行为及饮酒等方面。

道德行为规则被认为出于女性的渊源，这一事实，对美国男性成为引致重大纷扰的一个重要根蒂。他们对于干涉他们本身行为的这种阻挠，有忿忿不平之势，然而却又不能置之不理，因为固执的母性的良心，原为他们人格的一部分。这种情形，常引致他们做出外表看来矛盾的行为，也是使大多数非美国人遇到美国人时有时感到莫明其妙的一个主要原因。

这种事态的第二个结果，便是所有男性行为的美德：谦逊、礼貌、优雅、整洁，都被认为是女性要求的让步，而非本身良好的修养，应为一个正当人士行为中所应该有的一部分。这些特点既然被认为在无可奈何的心态下才有的，于是便被认为烦琐可厌，一遇有适当的机会许可，便去之惟恐不及。虽则在摆脱之时，心里仍不免有些不安。在和平时期内，这种机会有固定的形式：扑克牌局、钓鱼旅行、政党大会和学校内的同学会或联欢会；在战争中，军队不仅允许，甚至要求放弃大部分这种家庭内的禁忌。一方面是男性社会的要求，另一方面是存在于内心的母亲谆谆劝告的声音，其间的冲突，往往成为新入伍的青年内心矛盾的最大原因，结果造成的精神病态者，也是屡见不鲜。

母性良心的权力，虽然具有坚执独断的性质，但在多数的情形中既不是绝对的，也不是可怕的；它被感觉到混杂有抚爱和谅解的成分……

接受女性式的良心和女性式的价值标准一事，其最初的原动力是由母亲所给予的；等到 6 岁以后，又再经一番加强的功夫，因为在美国，小学及中学的教师绝大多数由女性充当。美国学校教师的地位，超过任何欧洲国家教师的地位；她们除了灌输知识以外，也是纠纷的仲裁者、恰当的美国式行为的指导者和象征。在大移民的时期，使外来移民的子弟变成为小美国人，主要是学校的功绩。通常学生、他们的家长，都接受教师的判断，认为是合适的美国行为之真实指导；教师实为美国精神的根源。现在除了少数都市区域以外，第二代美国人在人口中所占的比例虽然比以前要小得多，但教师的作为正当行为指导者的地位依然很高；她们比家长要更合时代和“科学化”。在19世纪全国继续扩张的过程之中，新英格兰的妇女，占教师中极大而重要部分；由于她们的影响，清教徒式的伦理思想（虽然只有一小部分人口信奉清教徒的宗教思想），获得这样普遍的公众的拥护。

就第二代美国人而言，他们的家庭仍反映出若干修正了的欧洲形式，教师在心理方面尤占重要的地位。因为只有小心听受她的训诲，一个人才能变成标准的美国人，摆脱使其父母含垢忍辱的外国色彩。它比母亲的声音更为冷酷和锐厉，因为它并不像母亲的声音一样含有爱的成分在内。

除了在不合常规的家庭内和在装腔作势的富人中（他们把儿子送进那些被轻信为仿照英国模式的寄宿学校），此外的大部分孩子，都是在不折不扣女性权势之下达到和通过青年期的；他们的行为遵从女性的轨范；他们所有的毁誉，他们在竞争的儿童世界之内所占名次的先后次序，统由女性所给予；因此他们良心之具有显著的女性色彩，实在毫不足异。

女性式良心在公众生活方面的表现，引起了美国称之为“理想主义”的那种独特的行为；这就是为别人规定需要遵守奉行的行为规则。这种“理想主义”至少本质并不是指导个人自己行为的标准，更不是身体力行，做出榜样，要他人仿行；它只是替别人的行为，立出自己不一定适用的规则。这是由母亲与教师的前例中直接引申而出的，她们为所教养的孩子，立下了种种规矩和禁戒，同时双方都没有感到这种规矩和禁戒，也将适用于谆谆教诲的人的身上。

然而，在一个重要的领域以内，是难得听见母亲或教师——无论实际的或内心中的——声音的，那就是在商业、或被认为商业一部分的活动方面，例如一大部分的政治生活。这是因为大家认为商业主要是处理事物的，偶然才处理到人的问题。商业的世界，被认为专属于男性的领域，超出女性道德的范围以外；商人及其发言人之所以对于罗斯福总统的新政感觉到不满，并表示仇恨者，有一大部分原因即起于他们感觉到新政下的社会立法，正在把喜欢管闲事的女性道德，引入到属于男性特权的领域以内。

美国生活中存有若干不适用道德标准的领域，这一事实，使比较前后一贯的道德家深感惶惑，不由不被注意。但更为普遍的反应，是断然否认有这种领域的存在。人们对于宇宙内凡与一般伦理观念发生过度冲突的现象，原有一种普遍的、断然置之不理的趋势。对凡与伦理观念不合的事实一概认为不存在，并由此而建立道德，这种系统在由艾迪夫人所创导的“基督教科学”（为根据圣经而自成系统之宗教思想，主张以精神治疗代药物治病，于1866年由艾迪夫人所首先创导——译者）中有最前后贯彻的发展。基督教科学的思想系统，特别适合女性化的美国道德。这种基本态度，曾广布于美国生活的许多方面，也许尤其在应付死亡一方面。殡仪匠人的精巧的技术，殡仪馆的安适美丽，墓地的选择风景优美之地，都是想消除死亡一事中大部分的严酷性，和使之失去大部分的意义；之所以如此，就是因为死亡这种挑战，具有绝对的性质，非享乐主义所能接受和兼收并蓄。电影及杂志小说，以一个死了、另一个差不多一模一样的人继起追踵前一情节者，数量日益增加。同样态度的另一方面，见于客气谈话和写作中的大量的委婉陈词。凡道德所不能管制的，即有加以置之不理的趋势。

美国妇女除了建成美国良心的任务以外，在美国社会及经济场面中，也发挥着极重要的作用。美国的妇女家庭杂志在持续的推广运动中曾提出过一个口号 “千万不要小看了妇女的力量”，并有插图加以说明，图中的背景常有变换，图内绘出一女一男（或者就是她的丈夫），女子的选择都总是获得最后的胜利。这个劝告是正确的。

市场研究员的职务，在这类问题上是需要精确的，据他们的计算，美国的全部零售商品，四分之三以上是经妇女之手购进的。这等于说实际哪一方面的设计，从领带起至汽车止，无一不需首先迎合妇女的趣味。甚至实际上妇女并非为重要消费者的方面，妇女也受到特殊的待遇，好像她们是最重要的主顾似的。例如据独立的研究,曾经表明美国男子看电影的人数比例，正好与妇女相等，但好莱坞重要的制片商的作为，大体仍以必须取悦妇女观众为根据。

又据说美国国内的投资有四分之三操于妇女之手，虽然我不知道这个数字是如何得到的，也不知它的准确性如何。这个现象的一个解释，可能是因为妇女自然的寿数较长，加上精力消耗过度的大豪富往往早死；另一个解释是许多关于财产的法律，对妇女特别优待，在若干州内，尤以加利福尼亚州为著，这种待遇的偏颇是极端的。

美国的妇女从月经终止期起，达到其最高的社会影响地位。在结婚的最初20年内(也许之前先经过一段“年青夫妇”的时期)，她们保持母亲和妻子的地位，通常连佣人都没有，绝大多数人的活动范围，以家庭为主；但等到她们最小的孩子安然度过青年时期，她们便可置身参加范围较广的职责和享乐了。美国人照例是结婚很早的，一旦结婚以后，便（离开农场）独自成立小家庭；因此一个妇女可以在达到精力饱满的中年之初，便已完成了她所期望的为人母的任务。

等到她把儿女教养，尽可能使他们保持身体的健康与思想的高尚，受完正式的教育，她所被期望的母亲任务便告终了。儿女由学校最后毕业以后（大多数的情形约为16岁至21岁之间，虽然偶尔亦有不到和超出这个岁数的情形），他们应该达到完全的自立，根据理想离开母家和从小生长的城镇，组织他们自己的小家庭。在女儿的婚姻中，母亲名义上虽然为女方的家长，然而在别人的想法中，她除了在婚礼中做一个真诚的客人外，别无其他的任务。当青年儿女仍在学期内，她是应该替他们招待照料友人的，但对于已经成人的女儿的朋友，她是恕不招待的。作为一个祖母，她可以喜欢她的孙儿女，送给他们种种礼品，但对于孙儿女的教养，她却心余力绌，无法为女儿分劳，因为从她自己做母亲起，直至她女儿成为母亲止，其间儿科的技术——这是一个指代教养儿女规则的庄严名词——已经早有完全的变化了。

在已脱离校门的儿子的生活中，母亲如果可能有地位可言，那性质只有更为消极。儿子会越过她，离开她，尊敬她，并终于把她置之脑后。美国每年在暮春中有一天定为“母亲节”，日期由总统所决定和宣布，零售商人更不遗余力赞助，他们把种种不相干的商品，大吹大擂，宣传为适于作送母亲的礼品。这一个母亲节，诚如梅特敏锐地指出的，实在就是赎罪的节日，为人子者对过去一年的怠忽子职，作形式上的赔偿。

这种完全的置身事外，只是理想的情形；但占重要部分的妇女，未来的光景是十分凄寂的，她们除了久已成习的丈夫的爱情以外，别无其他的爱抚；在性的方面已到了人老珠黄，不能吸引任何人的阶段；即使身处于可以雇用一个男相好的地方，也因为顾虑身份和鉴于人言可畏，逡巡有所不敢。她们拖牢子女在一起，尤其是儿子，时间之长超过了社会所认为适当的程度。

黏住不放的母亲，是美国人心理生活方面一大情绪上的恐惧，情形正好同英国及欧洲大陆上怕峻严专擅的父亲相似。在许多书籍和戏剧中，都把她写成为恶人（已故的霍桓特所著《银色线》尤为显著的例证），并且例如在威里的《奸佞世代》里，把她写成受人痛骂的对象。心理分析家写了许多书藉，证明她是美军中新入伍士兵发生神经错乱或精神病态的主要的和足够的原因。这种关于黏住不放的母亲的图像，以及深恐这一种敲脂吮血的占有欲——怕自己被人占有的潜在的恐惧心——成为使美国男子极端强烈痛恨妇女的因素之一。

不过大部分美国的母亲，并不过度黏牢儿女不放，正好比大部分的欧洲父亲并不过度专横；反之她们把精力转移用于社会的和文化的目标上。这是一件极非常的社会现象。在所有的社会中，无论为原始的或复杂的，欧洲的或亚洲的，已婚的非职业妇女，到了五六十岁，在社会的场面上往往都是没有多大势力可言的，大多数人都是在家庭范围以内，靠着通过她们对男性亲属所能施加的压力，才占有势力的。而在美国这一年龄组内的妇女，却是公民中最活跃、势力最大，以及地位最显著的团体之一。

这种中年的妇女，以及她们的亟亟于追求知识和智慧，她们的尽力赶上时髦和假作年轻的样子，她们幼稚的讲究艺术和写意的生活，她们的在外面装出几乎过度的自信，用以掩饰内心最深刻的不安和谦卑，以及她们以极严肃的心情，自视为公民品德的保镖、世界命运的仲裁者，凡此种种都是容易惹人发笑的。霍京逊女士每周在《纽约客》的插图，以及其他报章杂志中许多仿效她的作品,都对她们一意揶揄嘲笑。在美国的电影、广告、无线电节目、通俗书籍和报章中，是难得见有25岁至70岁之间的妇女的；在母亲节目广告中的“母亲”，不是画得太年轻，好像非十一二岁便结婚不可，才能养得出可以馈送礼物的儿女，就是太嫌年老，满面皱纹，老态龙钟。威斯勒（1834—1903，美国画家和雕刻家——译者）的母亲还像是她的妹子呢。但是遇到中年的出入俱乐部的妇女出场时，她几乎总是一个谐谑的角色，在电影中由柏尔克、布兰特或杜芒特作发噱的滑稽表现。这些中年妇女，成为听受欧洲或美国人士演讲的通常受人轻侮的听众（而且还付了最高的代价），她们急切认真地吸取别人的议论，随时留心显贵名人和声名狼籍的人士，科学家和招摇撞骗的骗子，教士和教师，诗人和先知，探险家和安乐椅上的战略家，作品畅销的小说家和出品无人购买的画家；她们虽然没有完全的鉴别力，却日复一日、年复一年如饥如渴地一味追求新知识，有时还把她们啧有烦言的丈夫硬拉到一起。也就是这些中年妇女，过去和今后挤满了海洋定期轮船，大旅馆和有人引导的旅行团，奔波于世界各地，寻求她们感到在本土所缺乏的艺术、传统和浪漫史，以骇人听闻的价格买些艺术的赝品,再因自己上了当而大为愤怒（偶然作一次所谓的讨价还价，便尽可得到补偿）；她们到了一个地方，往往势所必至地发现缺乏连美国小城市都有的卫生、饮食及其他的便利，便大声疾呼，表示不满；乍遇相识，便肯大发慈悲地准备去纠正效法她们的落后的东道主人；她们慷慨和毫无怨言地花钱，结果没有获得什么有价值的酬报。

是的，这种妇女是极容易惹人发笑的，因为在她们主妇的外表（更经她们过于年轻的打扮和化妆的强调），和她们（几乎像女学生的）大学肄业生似的热心和严肃两者之间，有某种强烈的不调和性；但她们是不能以嘲笑者而加以抹煞的。她们中有许多人，具有公民的自觉和良知；她们印有真诚的，虽然不免常是褊狭而不切实际的理想主义，没有沾染男性商业世界中的不道德色彩；如果她们深信她们的目标的正当性，就可无限制提供她们的时间、金钱和精力；如果其间似乎并不包含商业的考虑，她们还可以拉拢她们的丈夫参加。近年来许多腐败地方政党机构得以被推翻，恶劣的当地情形的得以被改善，在许多例证中，都是由有关妇女俱乐部所推动的。妇女俱乐部现在正在以前所未有的热忱，倾听自命不凡的专家——往往是最可怜的假内行和恶意的宣传家——讲述世界问题、联合国和原子弹；而美国的未来政策，以及在许多方面谈世界的前途，大体上正在由妇女俱乐部所决定。

这番议论如就美国以外而言，似乎将成为难解之谜，因为我在前面已经说过，别无其他社会，儿子成人以后的母亲得有这样重要的公众地位。在美国，或者因为禁酒的失败（要求禁酒为妇女们迄今止的努力最显著），她们没有获得对她们的名份应有的重视。美国有许多其他关心政治的团体，比她们更为叫嚣和获得公众注意，因而某些短期中说话更有力量的团体，例如工业组织联合会的政治行动委员会、《下午报》的尖声喧叫的

“自由主义者”、《新共和周刊》、《民族周刊》（它的影响是超过它实在销数的）、组成为压力团体的“退伍军人”、久已成立的政党，它们以及其他与它们类似的团体，对于政治的日渐发展，有直接的影响，但在所有这些团体中，代表美国女性良心的呼声，都夹杂或者可以说沾染有男性的计划损益的打算，和追求个人的或局部的利益，因而显出美国人的发言含有两种声音：一面宣扬高尚的理想，一面以最不开明的自利精神，来否定这种理想。但从许多妇女俱乐部中传布出来的表现美国良心的声音，好像经过加倍的提炼，既清楚又沉着：因为这是美国母亲的发言，而同时劝善说教的母亲，就代表全体美国人的良心。

想起霍京逊女士笔下的怪物，那些具单独固执的声音，对她们自己的浴室表示不满，或对一片真正的欧洲式建筑表示呆板兴趣的妇女，那些妇女俱乐部的主席夫人正在决定我们的前途，未免担心丧失我们的尊严；但是我们很容易落入比她们还不如的人的手中。她们是无知的，而且有自知之明，所以花了许多时间和金钱以求减少无知的程度；她们是可笑的，有时她们暗中疑心到这一点；她们通常是欠可爱而且没有人垂爱的，关于这一点她们碍难自承；她们是极其褊狭的，关于这一点她们最缺乏了解。但她们中许多人具有高尚的原则；如果有时这些原则显得含混和不切实际，太没有顾到人性的弱点，它们却难得是卑鄙的或自私自利的；虽则用了似是而非的特殊的抗辩，可能淆乱这些原则，但不管如何巧妙设计的宣传，都不易歪曲这些原则。它们也许没有预算出一个自由、安乐和新奇的世界，因为其间所含女教师的口气过于坚执；但它们却是我们用以抵制混乱的主要屏障。要没有这些原则，我们很可能置身于无是非和求享乐的境界之中。在这种境界内的文明之下，“什么事都行”，每人都抢夺他所要的东西，所有企业和政治、法律和秩序都将成为不择手段的阴谋诡计；生命的唯一目的，便是不择手段赚取足够的钱，不是为追求快乐，而是为寻取感官的享受；严肃成为痛苦无意义、不能忍受的，而酒精成了可以指示出没有快乐的升平时代的路径。美国大多数的大城市，已经很危险地濒近这个境界，它甚至可能囊括全国；挽狂澜于将倒，抵抗这种虚无主义的进展的，就是这些妇女俱乐部的主席夫人、狭隘而过度紧张的女教师。她们实为自由女神现在的化身。

[第三章]

完全美国化了的孩子

即使在希特勒吞并奥地利、逼使弗洛伊德及其信徒流亡国外以前，美国国内心理分析理论与实践的流布，以及获得普遍的信奉，已经超过其他任何国家。它在最近十年内，无论以直接或以各种淡化的方式，都有极大的发展。在许多新奇的情境中，美国人曾利用由心理分析而得的真知灼见，但并未有重要的一贯的新创理论。不过在一个人变成地道的美国人的过程中，却把弗洛伊德原有理论的一个重要方面剥脱了，当作几乎全没有这回事似的；他们有时以自圆其说，有时以存而不论的方式，舍弃了所有关于儿童内心弱点——其侵略的和暴虐狂的“本能”——的基本原理。在美国心理分析思想中，孩子生下来是没有过失的，好像一张白纸，此后如有任何弱点，都是出于不可制御的环境，或出于父母无知或恶意的结果，父母毁坏了一个要不然原本完善的、至少安排完善的人。

这个有趣的例证，说明即使最难控制的材料，也得经过修正，直至与一个社会的主要心理、重要观点符合为止。美国人认为儿童是未来的希望，在生活中如有合适的起点，一定可以强爷胜祖，凡任何不承认这种说法的理论，都不能得到广泛的接受。这是美国的基本信仰；这个信仰的最初动力，也许是由有决定性的移民第二代而起的，其时他们的子女，必须变成绝非其父母所能成为的地道的美国人。最受人爱好的美国神话和模范——由木舍至白宫，由报童至百万富翁，由犹太人聚集区至最高法院，由奴隶至机关首长，更为这个信仰维持张目。为发展每一个新生儿的这种内在的禀赋，只要有适当的教养就行了。

但什么是适当的教养呢？这就是困难所在了。在所有除美国以外的社会内，以及稍次而言在美国大西洋对岸的各国，除最近百年外任何时期内都可以毫不踌躇地回答这个问题：我们被教养成人的方式，也就是适宜的教养子女的方式。至于孩子应该三个月还是三岁断奶；包成蜡烛包还是准许完全解放；应尽可能早地加以训练养成清洁的习惯，还是能走路说话以后再予训练；应该许之在地上爬行，还是不许在地上乱爬；是应该让人逗弄，还是应该坚决不让与任何人有任何的接触，不准作任何喜爱的表示——这些选择根本不在设想之列。既然有了一种准确的教养儿童的方式，事情就告了结。一个妇女在生下第一个孩子时，她有整个社会累积而得的智慧作她的臂助；祖母、接生婆和邻里都有一样的论调；自从她开始知道观察以来，她见到每一个孩子都是在受同样的教养方式；所以她的路径是明明白白的。自然个别的变异情形，事所不免，有的相比于规定的方式要溺爱些，有的要严峻些，不过这些变异，只是一个大模式下面小范围狭隘的流变，至于模式本身，是绝无人加以怀疑的。

但在美国情形就大不同了。在这一方面，移民第二代也具有决定的性质；岳母的意见是受人怀疑的，因为这些意见不是沾有旧世界落伍、迷信和不卫生成分的吗？即使女儿有意采取她母亲的意见，她和她的丈夫及丈夫的母亲也难免将有不断的冲突，她的婆婆也许出生于欧洲完全不同的一国，接受完全不同的规则。因此他们追求美国的方式，就是把呱呱而啼、皮肤同红罗菔色的婴孩，造就成美国未来的总统或女子大学未来的院长，于是她们就向专家讨教。

根据最好的商业传统，既有需要，就有供应，于是各色资格不等的关于教育孩子的专家，大量涌现。有营养学家，提供如何使孩子尽可能壮大健硕的意见；有心理学家，提供如何使孩子尽可能快乐的意见；有训练家，提供如何尽早训练孩子的意见；有浪漫思想家，提供如何使孩子尽可能无拘无束的意见；此外还有医生和巫师，真正的普通江湖郎中和真正的普通骗子。政府本身对于这种需要，也并不落后，它经劳工部的儿童局，散发了上百万的小册子，告诉年轻的母亲如何教养她们的子女。这种小册子，每隔几年，就完全重新修订一次；如把历次不同的版本比视而观，等于是集最受人信奉的关于各种奇奇怪怪教养儿童的理论之大成。

任何一个儿童，过去和现在受如何的教养，有赖于下面十分偶然的各种情势的结合——母亲怀孕期间找哪位医生诊察，隔壁关于养育孩子的方法有什么成功，她在学校或大学接受了些什么教育，关于“科学”婴儿食品广告所遗留的影响，她最近读过的书籍或小册子。一个母亲教养儿童的全部方法，并不一定是一成不变的，换了医生或换了地点，听到一次新奇的演讲或一篇新的杂志文章，或者对头生孩子发生不满，也许就可使她对下次出生的孩子，尝试某些不同的、更现代化、更科学化的东西。

在教养儿童有固定模式并前后一致的社会内，详细的科学研究常常显示出，一个人在幼童时期内所受的无常变化，和成人品性中最显著共有的特色，以及和社会主要制度的形式与重点之间，存有明确而重要的一致关系。但在美国只有凭机会两个人才能受同一方式的教养长大，在这个理论下又有什么结果呢?

美国儿童的教养，在实际方面，虽有极大的程度上不虞言之过甚的差别，但亦有其重要的规律性一面，而这种规律性，也同其他社会内成为模型化的实际方式一样，决定了成人品性的形成。

这种规律性中最重要的一种，即为母亲对于教养孩子一事抱有同一的态度。不管她采取哪一种教养方法，总之她不能像相对定型的社会中的妇女那样，因为不以采照她们毫无疑义知道的真确的方法，因而具有很写意的、差不多出于不知不觉的自信心理。美国的母亲常常不免多少有点惴惴不安的心理，深恐犯了错误或忘记了一部分的规定手续，深恐孩子不会有适当的反应，往往深恐她最后还是选择了错误的方法。这种焦急的心理在表面上通常是不显露出来的，转而变成了一套技术上无法摆脱的心理症候。关于教养某一儿童的规则，一旦被接受，便有一种几乎带有魔力的力量，如果稍有错失或改变，那就不只是一个错误，甚至成为一种罪恶了。

对于照顾婴儿，无论采取哪一种方法，在婴儿生命的最初几个月中，如何喂哺他们一定是照护中最重要和着紧的方面。吃母乳还喂奶粉，是否给吃橘子汁、鱼肝油、菠菜汁、捣碎的蔬菜，或蒸馏水，总之一天内至少要喂几次。就我们所知，喂哺总是一个孩子所能体验得到的最强烈的快乐；就美国的婴儿而言，母亲对于如何喂养孩子，抱有唯恐违背“手续”和“公式”的无法摆脱的忧虑心理，加上一遇孩子没有照方法中所规定年龄分量，吸纳正常的营养，便着急得惶惶不安，这样一来更增加了喂养的重要性。在所有人类中，口以及口的功能，总是最初几个月生命内身体上最重要的器官及机能；随着生命的成熟，它也同身体其他部分一样受了控制，以后在大多数社会内的大多数人，口部就失去其为享受快乐与力量之器官的重要地位了。不过就大部分美国人而言，口部之为享受快乐与力量之器官，仍保持极大的重要性，在极端的情形中，它甚至越俎代庖，潜取了适宜于其他器官的功能。这种关于口部的重要性，一大部分即起于母亲因存有强制的焦虑而极端重视她婴儿口部作用的心理。

除了喂饲饱食所起的快感以外，尚有因缺乏食物而引起的饥饿的痛苦；而痛苦的经验，甚至比满足的快感还要能够夸张口部功能的重要性。大多数美国儿童都有过强烈饥饿的经验。早先若干关于哺养儿童的“科学”方法，实际上会引起营养的不足，造成极多像小儿软骨症一类的病症；不过这种谬戾的错误估计大部分已经成为过去陈迹了。但除了少数不合正宗的育儿方法外，所有养育儿童的方法都有一个喂饲孩子的时间表，作为方法中最重要的一部分，时间表上严格规定在什么时候应该予以什么样子的食物；孩子的饥饿是要靠钟上的时间来规定的。

在一个几乎完全缺乏女佣人或看护的大都会中，这种情形也许是势所不免的；因为除非把孩子训练成合于一个固定的例行规矩，否则母亲就难于分身，处理她的其余职务。不过这究竟是一种新奇的不自然的部署，因为钟表不过是相当近代的发明，采用钟表的地区仅占地球的一小块地方。在历史大部分时期内，在今日多数人类中，何时喂养孩子，都是视孩子饥饿的自动节奏而定的；或者在孩子一有饥饿感表示要吃，或者等待哭声震达邻里时再给他吃。但是喂饲的时间表，对于孩子自动的节奏，仅作粗疏的和大约统计后的注意；孩子的肚里并没装置钟表，来决定在表上规定喂养的时间，而且只有在这个时间，孩子才可以饥饿。

大部分的婴儿，对于为他们所规定的任何日程表，都能在相当快的时间内，自求适应，但在成功完成这一步以前，通常总有一个未能适应的时期，饥怒交并，大哭大叫，而不获哺养。大部分的母亲因为对于以时间表为重要部分的训练方法，抱有诚惶诚恐不敢违背的态度，觉得如果提前半小时多吃了半调羹，或者额外吃了一匙滤过的萝卜汁，就是大逆不道，所以尽管孩子啼哭得头昏脑胀或心痛，仍认为最好还是让他等到规定吃的时间；如果安抚孩子的啼哭，临时通融，将成为放纵之举。大多数美国的孩子就由此而获习饥饿与恐惧饥饿的经验。等到他们长大以后，这种经验仍旧继续保存，不过也同其他存在于成人心中的儿童时代的恐惧一样，掩饰了起来，或采取种种不合理的方式来应付。这种征象,在美国人平常所表示的深恐让粮食、资源或金钱一经流出国外，便会使国人陷入贫穷甚或饥饿，在由预算不平衡所激发的十分过度的着急心理中，和深恐可能发生任何消耗浪费的情形中，都可以看得出来。

近代美国极端重视妇女的胸部，认妇女胸部具有极大的性感方面的崇拜价值，也与此点有关；对胸部的重视几乎追过了过去对大腿的重视。紧身内线条分明和丰满肉感的胸部，被认为几乎比任何的裸露还要动人心目。许多电影名星，曾因紧靠的线衫而获盛誉；有一部叫《亡命之徒》的影片，曾因强调女主角的胸部，获得全国性的名誉，并和各种检查团体，作继续的斗争。在许多战争的时期，因紧身线衫使人分心、减低效率，所以特予禁止。隔开两乳的胸部低隔部分，几乎是人们最大的性好奇对象；有许多英国影片，因为其中女主角穿着宗教改革时代的服装之故，被认为除非请女主角加披一件肩巾，否则就有不雅之嫌，不便向美国公众放演。大部分美国人极端耽爱牛乳作为饮料，也许也带有象征的重要性。

除了改变婴儿的日程表为大逆不道外，关于儿童的口部还有一件行为是母亲所绝不能准许的。至少在近代以前，让孩子吮吸手指，是大逆不道的。如果让孩子吮吸人造的吸奶头，那更是罪不容赦了。我有一位熟识的思想“先进”的美国母亲，她发现让孩子吮吸手指并无什么害处，所以带孩子上街时，一任孩子听其自然。但在路上往往会遇到用意甚善的陌生人，向她谆谆劝告，她们希望能纠正她的错误方法，并使婴儿不至发生不幸的想当然的结果。在这些用意甚好的女人看来，我的朋友处理她孩子的方法不单是一种错误，如果让孩子过分吮吸手指，简直是一种罪恶，在故意伤害孩子未来的健康和幸福。

随着孩子逐渐长大，食物的重要性亦相应扩大。在美国白人中一般是反对对小孩子实施体罚的，因之改以食物为奖惩。如果孩子行为良好，就多给家长认定为美国孩子所欢喜的食品；如行为不良，则不给或少给，以示惩罚。就今日美国的孩子而言可为称幸者，照美国科学家言，若干作为对孩子奖赏的食物，对孩子颇有禅益，所以美国的家长，尽可放心自在地让孩子大吃甜食和冰淇淋，心中完全没有他们自己父母所感受过的内疚不安的心理。在20年前，好吃的东西，对你未必有份儿（相反亦然），如果你过分放纵你的孩子，你就败坏了他的道德并损害了他的健康。而今日在这方面，你可以糕饼点心的吃个痛快；这样一来，就发生了深长的含义：较老一代在湎于快乐满足时所表现的不安罪歉之感，在年轻一代中几乎荡然无存了。

因此有些食物成为表示爱抚和赞许的标记，并由此获得一种额外的象征的重要性。我们从父母对子女以及爱人的称呼“甜甜”、“甜心”等等中，可以侧面看出甜点的重要性。此外也有许多可以在同样情形下使用的固定成语，如：“你甜到使我可以把你吃下去”。这种将爱人与爱好的食物相提并论的做法，自然还有另外一个方面的原因，吞食就是容纳，就是成为自己的一部分，但也有加以毁灭的意思；口连同牙齿，是一种取得快感、也是取得力量的工具。

甜点虽然也许有着最大的重要性，但这并不是说等到孩子稍大、可以杂食时，其他的饮食就无关重要。那时做母亲的惟恐或违常轨的不安心理，转向于如何保证她的孩子可以有一种调配适当的食单，至于何谓调配适当，完全依照她相信哪一种膳食时尚或依理论而定；孩子之须接受足够分量的正当食物，变得具有极大的情绪上的重要性。有些食物被视为好像具有魔力似的，吃了之后孩子就可自动变得高大健壮，牛奶是占第一位的，次之为菠菜（尤其是最近一年，水手鲍贝伊可以为证）、橘子汁、某种谷物、莴苣、红萝卜。如果孩子吃了适当的分量，就可长成世界上最强壮的人。结果使这种种食物，也具有了极大的情绪方面的重要性；孩子可以通过乖乖摄取进食建议中的食物，表现出他对母亲的爱情，也可以通过拒绝、或设法拒绝进食他母亲亟要他吃的食物，以表示他的独立不屈。“喂饲的困难”，是家长咨问儿童心理学家的主要问题之一：拒绝进食，即拒绝母亲的爱，即拒绝长大，实际上往往是强烈的内心冲突正在形成的一个迹象。

母亲常常深恐孩子没有吃够那种具有使人健康魔力的食物。这种戒恐心理的病态发展，可以由在美国比较习见、而在别处差不多绝无仅有的特别肥胖的孩子身上看出来。在每一张美国小学生的团体照上，照例总有些极端肥胖的孩子（以男孩子为多），壮得像奶油桶子似的，全身都是脂肪。因为胖得异乎寻常，所以在一个长时期内，这些孩子曾被认为患有某种腺质失去平衡的疾病，但如果把这些孩子的家庭作详细调查，则要说明理由就比较简单：他们的肥胖只是塞了过量的营养食物的结果。他们母亲的焦急心理，与现实已经脱离关系；她们为证明自己爱护子女，和证明子女爱戴她们，就孜孜不倦地劝子女多吃，直至把他们吃得涨成气球为止。这些母亲已然失去实事求是的态度，另外还有一个证明：如果和这些过度肥胖的孩子的母亲们作初次的谈话，她们还会口口声声说她们的孩子实际上没有吃什么东西呢。

相信某种食物具有使人健康的魔力，这种信仰，曾为制造早餐品种及其他商业食品的商人极力利用。他们在推广活动中，不惜花费巨款，尤其利用多媒体，直接以儿童为对象，设法说服儿童，只要儿童转而说服家长进行购买便大功告成。他们宣称广告中所宣传的食品，一经食用，就可使孩子获得超人的体力、权能和机智。有一种这类的早餐食品，即以完全美国化的超人儿童为号召和商标。

这种相信某种食物具有魔力品质的信仰，差不多毫无疑问一直推及至成人的生活中。煎肉排不单是一个男人所喜欢吃的典型的菜，而且根据触类旁通的联想魔术（例如食虎肉能使人胆壮等——译者）中最显然的规则，还包含非其他食品所能供应的品质，即能供应赤血。如果没有煎肉排，例如在战时和在

1946年秋季屠宰业反对政府实行罢工时，不单使许多美国人感到饮食无味，而且使赤血的人体气削弱，精力减低。各种其他的食品，根据同样简单的原则，各具特种的品质，例如牡蛎是壮阳的，吃了莴苣叶或极薄片的土司或饼干能使人瘦长的等等。美国人在地球上任何民族中，虽然享受最丰富最变化多端的饮食，就坐定的工人而言，吃的东西可能已嫌过度，但好几百万人往往还要再额外吞食大量的维他命丸以资补充。维他命的发现，似乎更使相信某种食物具有魔力品质的信仰，得到了科学的证实。在南部贫民区中，像蜀黍症一类营养不足的病症，本有成为风土症的光景，经采用维他命后曾造成令人惊异的良好结果。但除这个区域以外，其他各地饮食的营养已经够之又够，可是维他命丸的制造，迅即成为一种重要的工业，每年售货的数量达到几亿美元之巨。在每一城镇每一街角药店内，总有一个柜台专门出售这种有魔力的药片。在推广销用的广告中，承诺你只要每天花几分钱购买他们特种专卖的牌号药片，就可以精力饱满，性机能旺盛，办事不倦，甚至差不多具有超人的赋能。

但在照料和训练儿童的其他方面，母亲的态度虽然始终如一，却不像对喂饲一事那样明显一致。近年来大部分的专家，已不像他们的先辈那样注重早年的清洁简练；但因为成人非常看重卫生，所以母亲虽慎重避免惩戒她的污秽龌龊的孩子，但几乎无法掩饰她不由不发生的紧张和嫌恶之感，结果对孩子的效果差不多和惩罚一样。儿童抚摸生殖器，在往昔是绝对视为可怕而予以禁止的，而现在在若干人士中，已改取放任的态度，而且持这种态度的人，数量日益增加。不过在这一方面，母亲本身的内心观感，也不免和她小心翼翼的行动，发生可能的抵触。小孩受人亲吻与拥抱的次数，各人大不相同，但就数量言通常现在都较从前为减少。还有些关于儿童的行为，在别地虽作相当的放任，但美国的孩子却绝少享受，美国的婴儿难得被放在摇篮里或加以摇荡，他们被抱的次数很少，在长牙齿时难获得帮助。

因为在孩子身上寄予巨大希望，因为对孩子的抚养势必带试验的性质，所以母亲从一开始，便着急知道她的孩子的发展是否符合既定的标准。她只有一个可供参证的引导：即和以同样或平行方法抚养的、同年龄和社会地位的儿童，互相比较。由于儿科学的日新月异，所以年长的孩子已不能成为指导；这种较年长的孩子，还是在旧式不合科学方法的、存在缺陷的状态之下抚养长大的；而在十年前已经够好的成绩，到了现在也许还大嫌不足。所以孩子从呱呱坠地起（一个新生孩子的“准确”重量，是常常变化的，但始终立有一个所谓“准确”的标准），就被置于和其同年龄幼伴激烈竞争的地位之上。母亲对她孩子是否得意和她处于母亲位置的自尊心，全赖于她的孩子不至于比同年龄孩子的平均数为落后。他的重量、身高，他获得何种身体方面的技能，他的长牙齿的时期，他的开始学说话的时期，都是测量儿童成功标准尺度上的要点。诚如梅特女士曾经详尽指出过的，母亲的爱，全看孩子在和同辈的竞争中成功的程度而定；只有孩子成功，母亲才能给予以无条件的爱抚，因为这才证明她履行母职的成功，证明她已经根据未来的希望完成了她的职责，可以毫无惭愧地面对世界。这自然不是说如果孩子在初出茅庐的竞争中发生相形见绌的情形，就会不受爱抚或被漠视；相反，做母亲的将更为急切地设想使她的孩子获有适当的饮食，帮助他们去迎头赶上。不过在对失败者的抚爱中，母亲常夹有一种自觉歉仄的观感，这种儿童，不啻成为对其母亲缺点的一种经常性非难。

一旦孩子在身体方面具有足够的独立性，可以单独跑出门口之时——三岁或者往往还不到三岁——他将离开自己的家庭，大部分的时间和紧邻的竞争者与对垒者聚在一起。他自从可以安然离开摇篮的时候起，和这些邻里的儿童可能早已相识和游嬉过（假定他们的家长一向是比邻而居），不过这种较幼的交际，是在母亲们注意和紧张的目光下进行的。到了孩子三岁的时候，母亲大概又有新生的弟弟或妹妹要照顾了，即使她以后没有再生孩子，有充分的余闲，也将觉得不好意思经常把目光倾注在她孩子的身上，把他永远牵牢在她裙带旁边。因为如果这样，她就有使其孩子变成为娘娘腔的危险，而这也就是美国家长所能犯的最大的罪行。

这个成为娘娘腔的概念，为了解美国人特性的一个基本的概念，在任何其他的社会都无恰切相类的现象。现在娘娘腔一词已成为骂人的名词，可以不问性别年龄适用于任何人；它虽然和若干英国骂人的名词相类（如哭团、软虫、嗲儿子等等），但所含的意思却非以上任何一词能尽。概括地说，它指一个人表现出超乎当前事势所需要的依赖性或恐惧，或缺乏主动或纯然被动。它可以指一个不敢把自己的钱作孤注一掷的赌徒，可以指一个看到孩子在外科医生手上遭苦而感到过分着急的母亲，可以指心怯不敢向一个风头女郎约定“佳期”的男孩子，可以指临阵怯场，可以指往牙医处求诊而感到明显的恐惧，可以指为了木偶玩具打破而啼哭的小女孩子，正如也可以指直接激发勇气或主动或独立精神、和可以有过犹不及反应的各种场合。所有美国家长的最大的恐惧，即为深恐他们的孩子会变成娘娘腔；所有的美国人，自从他们能懂得文字起，最大的恐惧即为怕被当做娘娘腔；美国人一大部分的言论和行动，也是往往为非美国人所误解的，其主要的用意即在于躲避这一个惹人憎恶的断语。特别富于自信心的美国人，在确知他们自己绝不是娘娘腔时，也许会说：“我猜我正是一个娘娘腔的人……”娘娘腔一词应用于成人男子时（但只以成人男子为限），也指有性低能的意思。

为防止这种可怕的发展起见，美国的儿童经常被激励趋向独立活动和主动，如果他行为中表现出任何真正的或据传的这种特色，即大获赞美，反之如有违犯这种特色的行为，即将受到斥责或惩罚。而孩子在邻里游戏场地上的独立活动，也就是一种最初和最重要的试验手段。

这种脱离家长的监护、初次投身于社交的生活（对较年幼的幼儿群，通常总有一两位母亲从旁监护），曾有许多重要的后果：首先，它使儿童接触到另一种权力的根源，而且可以借以反对和对抗父母。极少的父母能抵抗下列的请求："我看不出为什么不应该这样，所有其他的小朋友都被允许这样做的"，或者甚至"约翰（或玛丽）的母亲允许他（她）这样做，而他（她）还比我小三个月呀"。一个人保护自己的孩子超过了其邻人保护他们孩子的程度，如果他要求更大程度的柔顺听话，如果他更加过于挑剔更加急切关注，他不是有把他的孩子变成娘娘腔的危险，或者至少将使他的孩子有被邻里的儿童玩伴视为娘娘腔而加以嘲笑的危险吗？于是在步调上总是不断给孩子以更大的自由、更大的放任和更大的独立。绝对的标准是没有的，某一年龄儿童被准许或鼓励做些什么，须视其所处时期、地域和父母的社会地位和收入状况而定；只有倾向更大的放任、更大的自由这一趋势是不变的：大多数美国家长的训令和禁戒，总是经常因诉诸邻里的权威和榜样而被抵销。美国人世代相传，即以此方式在幼年时代获得了各种基本的态度。这种态度，以后加强了关于权力分散、关于权力制衡、关于认邻里具有作指导及模范的最高重要性的信仰。

除了难得的例外以外（如年小的弟妹有年长的哥哥或姊姊带着一起时），结成一个游戏群中的孩子，年龄大致相同，在最大的和最小的岁数中间的出入，相差最多不过十八个月至二岁。这种由差不多相等年龄的孩子所组成的团体，在许多方面是美国人毕生所有的最基本的结合，他们必须根据这样的结合来衡量和证明自己。

家长对于孩子的社会生活，大体上虽不再作直接的参加，孩子却很快地发现，他们的家长对于他如何善尽本分，仍抱极敏锐的注意和关切。类同的竞争情形，以后继续进行，竞争的结果，同样证明父母对于孩子的生育抚养，是达到、超过或不及平均的标准。所不同者，早年批判结果的标准，是用尺度或图表表示，而现在则由孩子重返家园后所述他在海外的活动情形而定。所以孩子从极早的幼年起，便知道在自己发言时，成人的听众是在注意倾听和欣赏的，他也发现他所谈的内容，将引致赞美或责备、爱抚或失宠。嘴的另一功能——说话，又变得具有最大的心理重要性。在孩子开始讲述他的成绩和成功时，他既小而弱，相形之下他的父母是极强大的。孩子为吸引家长的兴趣，要索求他们的羡慕和赞许，他势所必至在说话时要加油加酱，过分渲染和自我夸大。做父母的习于这一套（他们自己的行径亦是如此），所以听其自然不加阻止，只是心里自有计算，把真正成就的核心，与幼稚的自夸自奖和自我表现的外壳，加以鉴别。等到孩子年龄逐渐增长，说话的人与听话的人中间的身体与权力大小的差别，固然消失了，但美国人仍继续使用同样的方式，像小孩子一样地讲述他们自己和他们的成就。在美国听众听来，自然是极易莫逆于心的，但在非美国人听来却不能理解，认为这是过度自夸与自我标榜了。其实，要是同样的字句和同样的腔调，出之于教养背景全不相同的美国人，那倒真有过度自夸与自我标榜之嫌了。

在有决定性的移民第二代内，还有另外一个复杂的因素，即在多数的例证中，父母和子女仅有一个很有限的共同词汇。

儿童的词汇量，自然受其年龄的限制，而父母是在成年以后才开始学习一种外国文字的，他们既无训练，在使用这种文字之时，自然不免捉襟见肘，结果英语造句及词汇的许多精微之处都失去了；而最极端和强烈的短语，被用以概指各种程度不同的含义。

这种过于夸张、过于戏剧化、过于强调的说话方法，具有传染的性质；孩子对于自己的夸赞和故事，既然半信半疑，结果对他父母所说的话，亦只存一半的相信。美国的父母为要对他们的孩子具有适当的影响，也就不得不轮转夸大其词，对他们所提出的威胁和许诺，内容和力量都须加倍强调；孩子只希望这种许诺有一部分（实际上威胁是难得实行的）能够实行。但如果不提出这类的许诺，孩子就要感到深切的耻辱和失望，因为他就要疑心不被父母所爱、失其价值了。

这种情势，在孩子留居父母家内的整个时期中，继续以某种形式存在着，而且也帮助说明，为什么在美国公众及政治生活中非常重视“字句”。现代美国之实际建立于“字句”之上，也许超过任何其他的国家。美国宪法以及独立宣言的字句是美国建国的根基，而有“上帝的字句”（指《圣经》——译者）为后盾。因为宪法具有半神圣的性质，其中字句不容变动，所以遇到绝非起草宪法者设想所及的新情势，就必须按原有字句加以解释；宪法的第五次修正案中的“适当程序”及“个人”等词，此后曾经司法方面加以解释，这种解释大大的影响了美国的发展，并因此而影响及于世界的历史（按第五次修正案原文一部分为：“任何人非经陪审法庭提出控诉，不得强令答复关于重大或其他不名誉罪行的询问……任何人非经法律的适当程序，不得迫使他在任何刑事案件中作不利自己的说辞，或被剥夺生命自由或财产……——译者）。最高法院的法官逻辑上当然应该是由律师充任的，但美国政府中许多其他重要的位置，也都由律师出身的人充当，而律师在诸色人等中，毕竟最具作巧妙解释和舞文弄墨的特殊本领。美国总统中以出身律师者比出身任何其他行业者为多，其中有杰斐逊、林肯和罗斯辐；在美国过去32位总统中，有20人曾执行律师的业务，两位是法官，还有两位曾经研究过法律，不过不曾挂牌。在近年来，国会两院内两党的议员，出身律师者占半数以上；有几届国会中，这个比例曾高达三分之二。近代虽然有其他传达意思的工具的发展，但大家对于辩论一道（无论为公众演说或宣讲），仍旧极端重视，有许多观察者相信罗斯福总统的威望，主要是靠他巧妙利用无线电播讲而造成和维持的。

在美国公众生活中，因专长舞文弄墨而受人尊敬和享有重要影响的，尚不仅以律师为限。人事专家比起律师来，是种新兴的事业，所以也没有像律师业那样受人尊重，不过他对美国人生活具有日益增长的影响。所有公众听到的关于较大公司的情形，听到的关于他们政府的大部分情形，以及几乎所有听到关于公众人物（政治家、大富翁、电影明星等等）的一切，都是先经过这些人事专家之手而来；他们预先把现有的事实，做了一番挑选整理的功夫，其发表出来的文字大概最能取悦公众或得到公众的欢心。这种人事专家在专为个人服务时，往往被称为报界联络人。

广告员又是另一因擅长行文而获得厚酬的行业，他们的声望虽不怎么高，但影响极为庞大；新闻记者又是一种，他们具有极高的声望，但就作为一个团体而言，他们的影响似乎不及广告人员。美国新闻记者自己占取、并且被公众承认占有重要的地位，往往是非任何其他国家的新闻记者所能望其项背的；大家也许认为独裁制度一个最大的威胁，就在于这种制度剥夺了喜欢什么便说什么、或写什么的权利。美国人对于各国的评价，大体上看这些国家给美国记者的便利而定；一般人认为记者的证明，比国务院官员的话还要信实可靠。

但是话的字句虽然如此重要，但人们绝不照字面的价值全盘接受；孩子从来没有全部相信他自己的故事，或相信他父母的威胁和诺言。所有的宣言说明，人们对之都抱相当的怀疑；若干的言过其实，若干的串插，总是有的；口说或写出来的文字，从不被认为代表完全的真理。

这种怀疑心理是深刻的和普遍存在的，并经人作最有效的运用。新闻事业及广播事业中曾经建立了一个特殊部门，专以揭发“内幕新闻”为标榜。两位声名最狼籍的内幕新闻家温彻尔和皮尔逊，在任何美国的正规的作家或播讲员之中，有最大的读者群或听者群，要比任何利用新闻公开来源的作家或播讲员所有的读者、听者群大得多了。他们写作的技术非常高明，仿佛每当发生重要的决定（政治的和军事的）之时，他们总是躲在桌子底下或床底下亲眼目睹似的，于是他们就继而把当局所讳莫如深的，一一向公众揭露。在他们介绍他们的谣言、猜度和事实时，最基本的一个用语，即为“揭露”。他们以闲谈者的地位，帮助把那些本可引人敬畏之感的人物，减低到最平常的凡人地位；他们以政治评论者的地位，装成代表公众与政府中不著姓名、作威作福的“他们”作战的战士，无畏地取得和重新揭露秘密的文件，阻止政府势所不免将参与其事的恶毒阴谋。他们的确获有若干非新闻记者平常采访所能得到的新闻；除了平常供给他们情报的人员以外，怀抱不满的官僚和公务员，也有把不利于政敌方面的新闻，或他们所不造成的政治活动的详细情形，供给他们的，但即使如此，他们表演的平均水平，仍属有欠高明。从这两位记者他们的标准而言，都是心胸宽而用意好的人士；他们的行径，对于美国人似乎有相当重大的损害，他们所散布的谣言倒还少，因为大部分的谣言很快便被遗忘了，主要还是他们使怀疑的精神变本加厉。

在夸赞以外，则有种种的诺言。这从美国成人及政治生活中对于有高尚用心和高尚理想的公众宣言，寄予极大的情绪上的重要性一事上，也可发现平行的现象。威尔逊总统的十四点，凯洛格“以战争为非法的政策手段”的宣言、大西洋宪章，都是国际上著名的例证。国内的例证则更为频见：7月4日独立纪念日的演说、各种俱乐部和兄弟会的宪章，每四年一次各重要政党参加总统竞选所提出的“政纲”。经过亟切和热烈辩论的政纲，与胜利党执政以后所采取的立法，如果有任何相同的地方，那只是偶然的巧合；但这并不是说，所有的党纲及其他高贵的文件违反诺言因而都是不重要的。它们表示出有支持这类高贵目标的愿望，因此也是令人愉快的，正好比父母所作的许诺一样，虽然不一定一字一句全盘兑现，但不失为父母之爱与有意酬赏的愉快表示。如果没有提出这一类表示高尚用心的宣言，美国人就会产生受了欺骗和幻灭之感，正好比孩子遇到父母没有提出他意料中应该有的许诺，他就会生父母不爱他的观感一样。

在前面讨论美国儿童教养时，我曾概括用“他”一字来泛指男女两性，因为一则英文中没有一个指“他或她”的字，再则给男女幼童的待遇，并无性质的，只有数量的差别。在前一章中已经指出过，所有美国人都获有一种主要带女性色彩的良心，这使幼年男童遭遇一个他的妹妹所经验不着的尴尬局面。幼小的男童里因为内心存有母性，所以对于自己的男性特点，发生怀疑之感，而幼年女童则因而更证实了她的女性特点。男孩子为向他自己和向世界证明他是真正“男人”起见，他必须比他的姊妹加倍作尖声的叫嚣，加意地注意自己。美国男女儿童是用极相同的方式教养长成的，在各方面都面临相同的困难，和获得同样的性格形式，但在男孩子方面为摆脱其不安全之感——加以大家对于美国儿童要求甚多，需要把他们的能力发挥至于极度——因此心理上惟恐相形见绌而力求夸饰的现象，也有较为显著的发展。

理想的美国家庭，包括子女两人，大的姊姊，小的弟弟。这不是说如此大小的家庭或子女出生的次序，就统计上说在美国要比在同样都市化的其他国家更为普通；不过在图书或广告中表现普通美国家庭之时，以及在流行的小说和电影中所极习见的，都以此作为典型的结构。在故事中所以要有一个第三个孩子，一个更小的弟弟，往往是为了收到戏剧的效果。

无论何处的社会，家庭内诞生一个新的孩子，一定会使年长的孩子在心理上发生重大的烦恼，理由是新生的孩子一定会取其地位而代之，继起成为家庭抚爱和照护的中心。关于这种情形，各种不同的社会各有不同的解释。梅特女士曾经指出，美国儿童对新生孩子的典型的反应，是一种仇恨的反应，因为一方新生的孩子被允许有各种幼稚的行径，而较长的儿童，在他们受驱策、尽力以赴独立和成人的途中，却必须放弃这种行径。她即从儿童开始的情形中，追溯出“那种夹杂妒忌成分、痛恨‘受优容’‘闯祸不犯罪者’心理”的来源。

除了只有兄弟（或姊妹）一对者外，通常兄弟姊妹之间没有深切强烈关系的。他们彼此相对并不负有特殊的义务，（除了“同意”不要过分吵架外）；除了南部农村区域以外，大家并不认为兄弟有保卫姊妹荣誉的义务，他对姊妹的命运、婚姻或儿女，也不负什么责任。照绝大多数的情形是，兄弟姊妹一旦离开老家，便分散各奔前程；他们典型地各取不同的事业，居于不同的地域，如果他们进大学，也进不同的大学。

如果家庭内所生的两个孩子，属于同一性别，彼此年龄的差别最多不超过两岁，尤其是如果都是男孩子，那情形就大不同了。在这种例证中，哥哥往往把弟弟介绍到他的玩伴群中和以后的少年团体，这种提携具有若干正常的和典型的结果。弟弟所参加的团体，其中大多数分子的年龄都比他大，团体所凭关于敢作敢为以及行为成就的标准，也超乎他年龄水准所能企及的程度。弟弟受了这种标准的激动，他的言论和行动变得非常的轻率暴躁，深信靠了他哥哥的庇护、他哥哥优越的体力和智慧，一定可以使他脱免自身行为所致的危险。这种情形极为普遍，即在成人生活中亦可看到若干类同的现象。在国会中的例证尤为显著，我们常可看到众议院往往作出极不负责的行动，原因即为它深信它的哥哥——参议院，一定会使它脱免其愚昧所造成的最恶劣的后果。

等到孩子渐次独立和具有本领以后，他的父亲的地位多少变得更为重要，尤其是利用父亲的权力，可以对抗母亲的权力。大部分做母亲的人，曾小心设法使她们的丈夫，居于家庭内操有大权的地位，并告诉孩子，在实施某个行为时须请求父亲的许可；可是实际上她们往往推翻丈夫的决定，理由是丈夫的决定太严厉或太宽纵，没有为孩子设身处地，或太娇养了孩子等等。美国大部分的家长都不愿接受负起限制儿女快乐与娱戏的责任；所以一般的趋势，父亲或母亲遇到见询时，总是把作决定的责任推卸到对方的肩上。大多数的孩子很小时候，便懂得了这个诀窍，并学得如何巧妙地利用父母彼此之间的对立。在孩子零用钱由父亲负担的家庭之中，如果父亲拒不肯付，往往由母亲在家用账中贴补给孩子。在多数家庭中，父母好像暗中在勾心斗角，争取他们儿女的爱戴。

每一个美国孩子到了满 6 岁的那年 9 月，除了无关重要的极少数巨富的子弟以外，都要进入其邻里的学校。这种学校所在地，往往并不是他的出生地，而是在另外一个城内或区域内。本着良心行事的美国家长，在可能的限度以内，往往鉴于邻区的学校能予其子女以最良好的机会，全家就此移入邻区。学校的选择，是难得根据学术的标准或机会来判断的，因为在同一区内不会有多大差别的。判别学校的标准，是看它们的面积，看它们的建筑是否华丽和摩登，看它们附属建筑（工场、室内运动场等）的多少和情况，并且往往看它们是否没有黑人儿童，或异国及外国出生的儿童是否占大多数而定。美国人把消磨其大部分学校生活的城镇，称为"家乡"。

进入学校以后，通过校内的程式化教育，学生间的竞争取得不同程度的成功。孩子凭了这种成功的竞争，才能获取父母的爱抚、赞许，和取得世界上的地位。在美国学校中，学生的成绩分成五级，一般自甲至戊，有时也兼采分数制，这种等级印在成绩报告单上，每月由孩子带回家中。丙是孩子们的及格分数，所以家长从报告单上所注明的等级，便很容易立即看出他们子女在孩子群中所处的地位，是否足为他们和子女自己增光，并因而值得获得无条件的抚爱，或者他们是否没有尽到他们最重要的义务。

在对儿童排名时，学校运动一项居于次要的地位，而就一方面言，学校运动对绝大多数的儿童而言，始终没有极重要的作用。大多数美国儿童照意料中都是喜欢非正规运动的，例如他们喜欢就在空地上举行棒球竞赛，但如称"出去参加"学校的运动，那就不啻等于接受一种半职业化的地位，和承认其有超乎平常人的运动才能。运动员就一个阶级而言，是受人尊敬与羡慕的并享有特权的；他们代表学校与其邻里和对手竞赛。无论如何，所有的男孩子都以极热诚的心情和兴高采烈的情绪，关注着他们运动队员的命运。在运动员本身之间，关于成败的竞争，是非常锐利剧烈的，不过孩子是否参加这种竞争，全是由他个人所决定，凡竞争而胜者可获额外的奖赏和爱护，竞争而失败者也不会受到咎责。

遇到一个条件不够充分的运动员，参加非其力量所能及的竞争之时，在旁观的非运动员和同竞争的对手之间，态度大有不同。没有参加竞争而作壁上观的人，大概会对这个勇敢的“弱者”视为一体，敬慕和赞美他的勇气，如果他和大敌竞争幸而获得任何胜利，旁观者也一定会代为感到极大的欢喜。反之参与竞争的人，对于一个“不度德量力”的对手，是不大尊敬的，而且可以合法地使用他们全部的实力和技巧，压倒他们的对手。

前面已经说过，孩子发现常可用教师的权力，以制约家长的权力。家长常把这种公认为占他们上风的对手，进行细密的研讨，他们要求教师在私生活方面须实行的行为标准和道德诚实，远高于他们或他们的邻里。为了这种监督，乃有家长教师联合会的组织，最富于为公众服务精神的家长，藉此得与教师经常讨论学校与他们子女的问题。事实上学校虽然常由联邦或州财政拨款津贴，但普遍都被认为纯由当地居民的主动捐助与纳税所创设和负担；它是他们的产物，如何使它与其他学校比较起来不至相形见绌，是他们的义务。美国的公立学校，确属造成美国公民自尊心的主要渊源之一。

美国的学校首先是一种可以使美国的儿童，不问他们的背景和来源，印有美国特色的社会手段，并且是一种非常成功的社会手段；其次才是灌输和传递知识的机关。在若干少数方面，美国儿童是没有被督促、须全力以赴的。其中之一便是学业的成绩；各不同年龄所规定的标准，要比西欧的任何国家都低。不过大多数美国人在校就读的年数，要比大多数西欧人士多。教室内的工作很少有显著的特色；以背诵及作文作为公开发表意见的训练；公民教育是一门重要的科目，常见的有组织参观邻近的工厂、建筑工程、法院等等，常常变得很生动；生物学和科学很早便开始教授；近来日益利用无线电及电影作为教课的辅助；职业训练很早开始（也是由高级小学起的），训练的项目甚多，在较大的城市学校内具有极完全的技术设备。美国公立学校的教育，除了这种直接的职业训练外，很少要求儿童准备好应付成人生活（除了发展美国精神外），而更倾向于使儿童得享快乐的童年；大多数美国的教师在杜威的影响之下，相信“儿童和成人一样”，所以许多功课时间，都花在与社会交往关系很少的社会工作和讨论之上。

但培养独立个性、向成人生活推进的努力是持续不断的。除了少数殷富家庭的儿童外，美国的男孩子都被鼓励设法利用课余的时间，赚取、或至少贴补自己的零用钱。下面的各种职业，一般都被认为属于学童的特有领域（除了有严格劳工法律的各州外）：最常见的例证为送报（也有送食品杂货），收集杂志订户反馈信息和递送杂志；在夏季为整理草地，冬季为清除积雪，还有在高尔夫球场上拾球等等。从高等小学起，又可添加其他的行业：在药店的冰淇淋柜台上招呼客人，洗清汽车等等。这些早年的赚取零用钱的活动，不仅不受耻笑，而且得到普遍的赞许；它们并不表示父母家境清寒或生性悭吝，反而证明了孩子的独立和自主。女孩子一般不像男孩子那样早就开始赚钱，不过自高等小学起，她们也有各种受雇的机会，近年来其中最常见的，是在家长外出时帮助照护婴儿或幼童，由此她们可以一举三得，既可赚钱（这种行业有很丰厚的报酬），又表现了她们的独立，又获得安静和时间来做家务工作。

等到开学后，混杂的邻里游戏团体，完全或主要由同种性别的少年团体取而代之；这种团体一直延长至青春期，并有少数的情形，贯穿整个青春期。这些少年团体，参加几乎所有其团员兴趣所在及力量所能及的活动，但所有少年团体都差不多有一个共同的特点：它们都参加非法的和法外的活动。活动中大部分是没有什么害处的：在乡下果树园中抢果实，侵入空屋，无票混入马戏场和棒球场，吸玉蜀黍丝卷成的纸烟，说脏话和作性方面的新试验，逃学和逃避官员的监督（市政府官员负责监督，保证儿童达学龄后即入学读书，如有违反情形，则向家长提出抗辩），侮弄警察等等。重要的是，这种活动不仅为成人所容许，而且为成人尤其是为父亲所盼望和赞美；能成功侮弄既有的权威，是独立和增加男子气概的表现。一个从来不曾设法做过逾越规矩的事的孩子，具有变成娘娘腔的严重倾向。这是使美国人对于权势和法律应抱何种适当态度的另一教育。

受默许宽恕的非法行为，与被认为具有严重性质的非法行为，两者之间界限是极为微妙的，所以儿童有时逾越界限，是很容易了解的。如果说采摘别人树枝上的苹果是值得赞美的，那么为什么不能拿取别人放在树下的苹果？如果抽吸和制造用玉蜀黍丝卷成的纸烟可以表示男子气概，那么为什么不吸由印度大麻制成的烟卷？大部分的美国儿童，大部分的少年团体，在学龄期并未犯过重大的罪行。但是邻区儿童在原区域内法律被认为过于宽弛的，外国移民高度集中，或者来自黑人、白人、亚洲人杂居的贫民边区，区内成人之间存有犹太人与非犹太人的严重纠纷的，出身这些区域的儿童可能而且往往会作出严重的罪行：亵渎教堂和犹太会堂，作出残酷的奸盗之行，和小规模地作出种种流氓行径，使本指少年团体的“gang”一字，在美国电影的观众或侦探小说的读者中成为声名狼藉的恶名词。黑人学校中教师遭受武力攻击，是屡见不鲜的事；此外也有小学生开枪打死老师的事。

从事这种犯罪活动的儿童和青年，在全部儿童及青年中诚然仅占极少数，但在成人社会方面，却有一种没有正式提出过的恐惧心理，即深恐年轻人的这种公然反抗权势的行为会推之过远，超出表示独立男子气概的必要程度。因此，各界人士曾作认真的努力，引导儿童这种的精力和活动，参加各种为社会所赞许的团体组织，如童子军、海巡队和女子篝火团等；这种组织，虽具典型的美国式体制，特别注重徽章的炫新斗异，但它们权力与管制的气味仍嫌太重，仍不甚合于大多数美国青年的胃口。不过社会发现引导年轻人的精力趋向于社会许可的途径，还有另一种更有效的方式，而且这种方式，与向成人生活推进的趋势，以及与认为妇女具有较高尚道德品性的信仰，是完全相符的。任何男女青年，如果不是“犟头倔脑”（指那些把他们的独立和粗鲁推之过远的人）或娘娘腔，都会尽可能在异性之前装成可爱的样子，会参加称为“交际”的两性恋爱行为。这类行为，一般以六年级结束时毕业舞会正式开始，也就是从孩子12岁的夏季开始。有些孩子开始得较为早些，尤其是在南部，有些则稍迟些，但对多数人而言，这种舞会让儿童列身于成人前世界的正式场合。在这种舞会中，儿童通常第一次穿上正式的礼服，女孩子穿了短袖、裙帷膨胀的轻纱长装，男孩子穿上白裤子，和对襟的上装（这种潮流或者已经有了变化，亦未可知）。每一个男孩子都要邀请一个同班的女同学，做他的舞伴，如果一位母亲，发现她的女儿接到许多这类邀请，就将深感快乐。家长从在医院中比较出生孩子的重量起，就开始参加儿童之间的竞争，而这就是家长所参加的竞争中的最后一段历程。如果一位母亲在校就读的女儿应邀不暇，孚于人望，那就代表她的女儿已具备良好的条件，而她也已尽到了做母亲的职责；反之如果女儿一星期中有多晚独处，尤其是在星期六的晚上，也不得不独自一人，或和另外一个不幸的女孩子同病相怜，留守在家，那么这个孩子就是一个失败，做母亲的也许最好还是多费些心力在女儿的教育方面，以便女儿在外貌与个性方面所不能取得的机会，能因头脑方面的成就而有所补偿。

做母亲的人，是不能这样直接参与她儿子的成功的，而父亲的心情往往相当的矛盾，感觉到新起一代的咄咄逼人，把他推在一旁；埋怨因为子女交际频繁，费用的需索不断加大；争论家里的汽车晚上归谁使用（儿子会说，“如果你没有车，女孩子连一眼都不会瞧你的。”）。但他虽然也许不像母亲对女儿那样、直接参与儿子的社交胜利，但如果他的儿子晚上多数留在家里，或和其他同样没有作为的男孩子在一起，那他将感到甚至更大的耻辱，因为这证明作为一个美国的父亲，他已经全盘失败了，他殆已有了一个娘娘腔的儿子。

[第四章]

爱情与友谊

在第三章中，我曾经就家长方面的所见所感，把同年龄美国儿童团体之间的持续竞争情形，略加叙述，而很少提到儿童自己参加这种竞争的情形。但儿童自然是参与者本身，竞争对他有重大的、情绪方面的影响。就家长而言，他可以根据孩子成功的程度，回答以下问题："我是否是一位称职的美国父亲？我有没有培养出一个具备各项素质的孩子，能够独立、有益于世，并达到超乎我自己所能及的造诣？"但对孩子(以及对成人)而言，他自己成功与否，对他的含义尚不至此。"我是否成功？"等同于"我是否获得父母之爱？"。因为从一开始，母亲对孩子无条件的爱抚与赞许，就要看孩子所获成功的程度而按比例施舍。大多数的美国人到青年时期，已经把两个观念混在一起：获得成功就是获得爱，获得爱就是获得成功。由教师所传布、源自于新英格兰清教思想的理论，本认为一个人如在世上成功，就是神、造物主爱他的具体可感的表现；如果失败，即表示他已不复为神所爱，他已经犯了罪，或者至少没有作充分努力的尝试。这种理论，更给予上面所述的观念混淆以一种类乎神学的根据。

母亲的爱是一切未来之爱的范本，为获得母亲的爱，是毋须转回来向母亲表示爱的；一个人能否获得母亲的爱，全看他在和同年小友间的竞争中能不能卓有成就，至于他对母亲的态度和行为，并不占首要的地位。所以，在美国具有片面性的趋势：被爱的人无须以爱报答，但是必须奋发以求值得为人所爱。这不是说在美国缺乏相互的爱，或者相互的爱比在其他国家少见，而是说在此以外加上了这种不调和的成分；只有凭着把所爱的人视为自己一部分，像自己一样值得爱，而后才能使片面的不调和成为调和。

因为做孩子的常受驱策而竭智尽能，因为他成功的条件往往这样的浮泛，或完全出于他支配以外，所以他对于爱的迹象变得渴求不已，一意要证明他是值得爱的，因此也就需要证明他是成功的。爱的表示中，最起码的一种便是别人的注意（以父母的注意居先），或者至少是他们的在场，如此，他们的目光即使没有立即投注到他的身上，至少有时会投注到他的身上。反之如果无人在场，如果他一人独处，怎么能止息他内心痛苦的怀疑呢，难道他不成功、不可爱、不值得爱吗？

这种情感，使身心健全的美国人不能忍受寂寞的独处，并造成许多用意在于排除寂寞的社会特色：大部分的房子除了最隐秘的部分外一概门户洞开，办公室和书斋一推就开的房门，大学和寄宿学校内的通铺房间，无数的俱乐部和兄弟会性质及爱国性质的团体、职业团体和会议，为偶然谈话而制造的无数机会和便利，每一个房间、多数火车汽车都装设收音机，房子内不断收听的广播（即使是无线电广播的声音，也比缄默略胜一筹）。“如我一个人独处一个星期（或者更短的时期），我真要疯了”，这句说了又说的话，在夸张过当的表面之下，掩饰了真正的心理的真理。美国人无论是心理分析家还是平常人，都不约而同地认为一个故意离群独处的青年，一定有点古怪和可疑的地方。他们如果以此来评断美国人，他们的断语可能是对的，这种离群独处的情形，可能是人格分裂的一种征象；不过如施之于具有不同教养背景和不同特色的非美国人士，这个标准便不能圆满有效地应用了。

因此，别人的在场注意和赞慕，变成了构成美国人自尊心的一部分，美国人在感情上之急切求取这种在场注意和赞慕的心理，实比其他国家的常见情形更为迫切。这也使美国人和他们同侪之间的社会关系，具有一种特别的性质（夫妻关系和家长与子女之间的关系，有时不在此例）：它们主要乃是用以维持和加强一个人自尊心的手段。它们被认为可供彼此利用，但这种利用差不多总是相互的。在两个人开始发生一种相互的关系时，似乎有个不言而喻的约定，即“我可以保证你是一个成功人物，如果你能对我作同样的保证”。这种保证中最使人满意的方式，不是向对方作直接的谄谀或赞美（谄谀赞美的本身，有被视为利用别人的手段的嫌疑），而是表示爱慕，或者至少表示集中专一的注意，由此表现出双方是引人注意和值得尊敬的。

也许只有根据这种心理的背景，才能了解美国社会生活中那个最奇怪的特色：即是占每一个美国人自青年期至订婚止大部分闲暇时间的“男女交际”。有许多人，甚至即使在订婚以后，或者因为离异，或者因获得满足之感后对伴侣发生厌倦，或者个人过于迫切要求别人的保证慰藉，超乎订婚者或配偶或爱人所能给予的程度，他们仍继续维持交际。交际一事在许多方面都是特异的，尤其是在交际中可以用求爱和恋爱的语言和姿态，而实际上却并不一定有求爱与恋爱的含义。求爱与“交际”的行为，在外表上差别极微，微小到差不多看不出来；然而只有在极少的情形下，只有那些心理不平衡的人士，才会在双方都是美国人时，把求爱与交际混为一谈。交际乃是一种、或一组高度程式化的活动，在若干方面与正式的舞蹈相像，在另一些方面则和极复杂的棋赛相似。其与舞蹈相类者，就是也同舞蹈一样，其所应用的各种姿态，如用之于其他情形下，就将失去其重要的作用（可见“徐步舞”中的鞠躬和女性的屈膝礼，华尔兹舞以及后来舞厅内时兴的跳舞中的紧抱）；但它更像下棋一类的复杂竞赛，像在竞赛中一样，所有的规则都是双方知道和履行的，但是棋赛一经开棋，双方的下子都是根据对方如何下而变化的。像在舞蹈和棋赛中一样，这类活动被认为是愉快的，本身是有酬报的；凡参加的双方或演员，技巧或其他必要的条件，越是势均力敌，愉快的成分也就越大。交际与下棋一类竞赛的相似性，还可作进一步的类比，两者中的参与者，都须一心一意，认真用事，在公认的规则之下，出奇制胜，尽其所能，成为胜利者；除了竞赛本身所具有的快乐外，还能因竞赛获胜而使个人的自尊心获得愉快的增强。不过有一点是“交际”与下棋不能相比的，在成功的交际中是不应有所谓不幸的失败者的，交际的双方都应该感到他们的自尊心和自信心获得了加强。

就我所知，从来没有其他有记录可考的社会，对它的青年曾发展有同样制度化的行为规式。在许多社会中，尤其出名的如萨摩亚人（南太平洋群岛的土著——译者），准许青年在订婚与结婚前的一个时期内，实行性的放任和试验，但在这些年内，他们专求感官和性的满足，别无其他的收获。在美国的男女“交际”中，感官的与性的满足，也许占有一部分的作用（但并非是非有不可的），正好像牌局中的赌注一样，可是感官与性的满足，并非是活动的目的。活动的目的，乃是在于加强自尊心，使人们相信自己是可爱的，因而也就是成功的。

此外还有一个复杂的因素，美国人在“交际”中采用恋爱的辞令和姿态时，双方都并不认真，而只把它们当做棋赛中的下子似的；可是另一方面，美国人对于恋爱却有一种极深刻和热情的信仰（而这种恋爱的观念，却是萨摩亚人以及许多我们曾经详细研究过的民族所没有的）。这种把在某一种场合下可能有最大重要性的辞令和姿态，在另一种场合下轻浮使用的情形，是难有其他类似的例证的。我们从下棋中可以得到一个极勉强的相类的情形。下棋时所称“你的王后被俘了”或“你的国王危险了”（西洋棋中两方之主帅称“王后”与“国王”，类似象棋中之将帅——译者），如在热心拥戴君政和发生宫廷阴谋的时期内，可能因使用这两句话的背景不同而产生完全不同的结果。

最后还有一个复杂的地方，在交际之中采用或知道如何采用求爱的辞令和姿态，是需要家长和教师的默许和帮助的，但许多家长和教师，还是道貌巍然，对性和身体的享受抱清教徒态度的。不过在较年轻的一代中，抱这种态度的人似乎已不甚多了。

因为美国人偏爱交际的怪癖（不过一般美国人是并不怀疑到这一点的，他们也同世界其他人士一样，相信凡是他们所习惯的行为，都出于“人性”），而且因为在交际中采取求爱的形式（但不是内容），所以一遇美国青年与外国异性发生接触的情况，遂不免引起无数的严重的误会。一次交际约会，在美国人看来，就是说两个人共渡一个愉快的和互利的黄昏，用以加强彼此的自尊心，和表现出个人在周旋中的本领，但非美国人总常把它当做意存诱惑。如果予以立即拒绝，双方一定都会被弄得恚恨和不满；如果立即同意，美国人至少会有上了当的感觉，正好比一个打算出猎的人，还未出门而野狐就进门坐在后院，使他英雄无用武之地，不免大为扫兴。

在一场交际中，至少在表面上应由男孩子首先发动，由他向女孩子提出邀请，请她在晚会中陪伴他。男孩和女孩选取伴侣的基础是有点不同的。在女孩子方面，她的目标是向她提出的邀请越多越好，然后她可以从中挑选出一个她认为最能使她过得快乐的人，或一个最有趣的人物，作她的陪伴；而在男孩子方面，他的目标是设法使最受他同道及竞争者爱慕和追求的女孩子，作他的陪伴。一个女孩子在一次重要的社交场合中（例如毕业舞会），如果只能收到一个邀请，那么即便邀请者是条件最好的男孩子，譬如说是足球队队长，她心中是否高兴，仍不好说（这自然以他们不是进行求爱为条件）；反之在同一场合下，一个男孩子如提出邀请而为当地一位“著名小姐”所接受，他可说已经获得社交上的一大胜利。这样结果使参加交际的形式，在两性之间稍有不同；所有的男孩子都可以、而且应该参加社交，他们希望达到的成功水准，要看他们自身所具备的条件而定；而在女孩子中，只有最成功最受欢迎的那位才有机会充分享受交际，其余的就只能有一位靠得住的男朋友便告满足，或者甚至连一个男朋友都没有，只好和同无对象的女孩子一起，同病相怜，厮守一起。

一个美国男孩子，除非极度清贫，或身心极不正常，或有其他理由使之完全置身于社交生活之外，他从青春期初起至订婚止，大部分闲暇时间，都花在交际和赚取交际费用之上。关于促成交际一事，社会上的压力是很大的。例如在某一标准的中西部大学的兄弟会中，年长的会友规定年幼的会友每星期必须有三次的“交际约会”，这些约会须向尊敬兄弟会的女孩子提出，而且除了已订婚者外，约会对象以不固定某一个女孩子为限。这种公开的管制监督，诚属不大常见，但美国人中愿公然抗辩这样的行为标准的，似乎不多。

女孩子的经验就没有这么千篇一律了，因为她们须等待男孩子的邀请，而男孩子只向可以到手的最受欢迎的女孩子提出邀请。结果，有若干女孩子全部的时间，几乎全为“交际约会”所占，还有些女孩子难得有一次约会，而还有许多女孩子直至订婚为止，在竞争中简直名落孙山。这种景象在正式舞会中表现得最为明显。舞会中的女主人设法安排，每两位女性至少要配搭三个男性，所以在跳舞之时，女性是不会落空的，而男性始终有三分之一，列入“无伴之群”。无伴之群的男子，可以在另一对男女起舞时，轻拍那个男伴肩膀，“插身以入”，取而代之。照仪式，一个人是不能拒绝别人的插身以入的；也不可以在别人刚插身以入后，就又接着取而代之；他必须等第三个人再跳一曲以后，才能恢复与原伴跳舞和谈话。一个男性，除非别人插身而入，是不能丢弃他的舞伴的；而女性所可能受到的最大耻辱之一，即她的舞伴和她共舞满足以前，始终无人插身而入。这样的可怜的女孩子，大概是不会被人邀请的；或者即使受邀请，也不会再接受。

因此对许多女孩子，“交际约会”的时期是一个耻辱、挫折或失败的时期。但是这个时期虽然痛苦，但在心理上并不常是一蹶不振的。这类不成功的女孩子，却往往比那些“著名小姐”更早订婚结婚，往往有较好的着落。反之许多著名小姐，舍不得放弃这种婚前的风头，而且著名小姐的身价，除了其他条件以外，是视花在她身上的钱多少而定的，其标准之高，非大多数青年所能负担。

“交除约会”的开始，先由一个青年男子，向一个女孩子提出邀请，共赴公共的晚会，照例是由男方付钱的，但自从经济恐慌以来，偶然也有女方自己花钱的。这种晚会所供的消遣娱乐，要看男孩子的财力及愿望和当地的情形而定；但总是在公开的场合，差不多总是包括一起吃一顿在内，无论是在就近的药铺内吃冰淇淋苏打，或是享用当地所能提供的最精致最昂贵的盛餐。除了吃东西以外，最普遍的娱乐就是跳舞，跳舞的地方，从公路旁仅有一架自动留声机的简陋的咖啡室，至最华丽的跳舞厅或乡间俱乐部。男性（称为“护卫者”）如非特别年轻或贫穷，应该亲自驾车接送女伴。如果提出的娱乐具有正式的或华贵的性质，男性应该供给花球，以备女孩子佩在衣服外面或戴在头上。

这种花球，一部分从购花的费用，一部分从它们配称女孩子容貌、风格或装束的程度，反映男子心中对他那个晚上的女伴所估计的第一个印象。以后的娱乐中的每一节目，男孩都会有进一步的表示；花钱的多少，本身虽无所谓，但对女孩子的自尊心却至关重要。

“让女孩子过一段快乐的时光”，虽为一场“交际约会”的基本背景，但就男子而言，却并非其目的所在；他的目的，乃在于招引女孩子，向她证明他是值得爱的，从而证明他是成功的。有时，凭着跳舞技术的优美娴熟，可以引发对方的赞许，但更为普遍的、也是意料之中的，这种赞许往往由谈话引起。此地又是文字辞令占着首要的地位。

在最初几次的“交际约会”中，双方还是比较陌生的，为了建立若干共同的兴趣或经历，至少要证明自己是值得对方注意的，若干量的自我身世表白，自属必需。不过这种表白，与任何美国人在陌生人间所作的自我介绍都差不多，所不同者充其量不过着重点和腔调有所差别而已。约会谈话与普通谈话不同的地方，在于它集合了戏谑、吹捧、机智和求爱，成为一体，过去称为“谈风”，但每一代人都会另外嘉赐一个新的名称。

“谈风”就是一个在共同形式中表示出独有色彩的地方，被人认为代表个人人格的一面的。大多数男子对于他们的“谈风”，非常心领神会，可以轻便地运用自如；这种“谈风”在和不同的女伴交接时，可以随时练习和改进。“谈风”的目标，在于娱乐，取悦和争占女孩子，此外并无情绪上的深意；它只是一种竞赛的技巧。

女孩子的本领，即在于如何躲避这种谈风，而不至使她的男伴失望，或让自己在情绪上陷溺其中。她落入这种谈风的圈套到什么程度，即表示她在这种微妙的竞赛中，失败到什么程度；如果她太使他失望，以至他不再提出最近将来的邀请，那她还是一样的失败。她要保持胜利者的地位，必须在轻易顺从与冷若冰霜之间，作最巧妙的抉择。

男性如从女孩子方面，能比他的实际的或想象中的对手，取得更大的优遇，他就算获得了胜利。大概由公共娱乐场所回到女方家中的归程内，就是胜负分晓的时期。晚上分手时的接吻，那是一晚娱乐后最少应有的报酬；但是此外还有什么好处，那就要看男方的进取心、女方的自信心，和双方共有的“约会”的次数而定了。在这种求爱中，仍不牵涉到双方真正的情感；其使用的姿态、亲昵和辞令，虽然和真正的求爱完全相同，但仍旧是竞赛的一部分；除了绝无仅有的情形外，并不是意图诱惑；其所追求的满足，基本上不是感官方面的，而是自尊心的满足。男方应该由不断要求进一步的优遇，以表明他的才能，和证明他是值得爱的；但是在女孩方面，如果答应得太多，或者答应得太容易，也许很可能令对方失望，正好比在打网球或下棋时赢得太容易时可能变得失望一样。

这种亲昵关系，应随着每一次与同一友伴的“约会”而增进，直至近乎发生肉体关系，但实际上真正的肉体关系是难得发生的。在这些后来的阶段中，勾心斗角的竞争仍在进行，不过明显的程度消减；凡是能使别人失去自制，而自己（他或她）不失自制的，就是胜利者。

此地必须重复再说一遍，“交际约会”的第一目标，并非在求性的满足。一个“容易如愿的交际”并不是一个良好的“约会”，相反亦然。除了职业的或半职业的妓女以外，在许多团体中有些女孩子，曾自己存有幻想，妄想由滥交而博取声名。她们的电话号码可能被辗转传递，但她们却不是受人馈送兰花花球，或被挈引至最好的饭店坐在前排桌子的女孩子。相反的情形或者更加准确，这说起来像是一个难解的谜，但也不至于太难解：即在理想的约会中，双方都是非常的得众望、娴于技巧，且非常的自信，结果是势均力敌不分胜负，不能有一面倒的情形。

虽然约会交际是一种包括两个人的事情，但往往有组成“双重约会”的情形，即由两对男女共赴同一地点。此中值得注意的是，在安排“双重约会”的两对男女之间，往往在同一性别的两位朋友之间（普通以两位男性为多，但也不一定），反有更深的情感联系。还有一种进一步的变通办法，那便是所谓的“盲目约会”，约会中的男女，在晚上共欢作乐以前，根本还是互不相识的。这或者是起于原来约会过的男女，因为他（或她）的朋友缺乏友伴，所以请求对方代为介绍一个；或者起于在异乡作客的男性，既无熟伴，就只有根据他所知道的女性电话号码，径自自荐。后面一种情形，在1943年的商业广告和在后来所谓“盲目约会”的无线电节目中，曾被利用，可以发人深省。由听众选出来的成对青年军人，必须在电话中争取看不见的模范女生的欢心，而那位模范女性，根据几分钟的电话谈话，来选定她的对伴，在电话中她尽量少说话，仅限于不使谈话中断而已。胜利的人就可和她在“鹳鸟俱乐部”共度黄昏，费用由节目主办方负担；胜利者还可获得供送给女伴之用的花冠和一小笔现款。

交际约会是公共性的。前面已经说过，它们大部分是在公众场所发生的，其最后部分虽然不像“盲目约会”一样，另有第三者在场，然而其间经过的情形，并不需要保密。关于过去约会的详细情形，虽然叙述时带点夸张，不失为年轻人在同性间和同代人之间最盛行的谈话主题，而且也同小孩子在玩伴中或在校内追述他胜利的情形一样，这种追叙约会的经过，也是取得别人尊重和敬慕的方法。

一个男子的注意力，如果集中于一个女孩，结果几乎势必以订婚收场，一旦订婚，交际约会也就宣告结束。交际约会一事就其定义而言，是带有滥交性质的；在美国，一个青年长期依恋一个追求和婚姻范围以外的异性，这类的情况几乎是没有的，举例而言，他们并没有像法国学生有所谓“女朋友”那一套。大多数青年由于情感上的逐渐成熟，感觉到他们寻常所采行的交际约会的形式，仅具格局而缺乏内容；于是有少数人——“登徒子”——便把约会推演变成经常性的诱惑异性；但就多数人而言，都是以订婚结婚而收场的。

多数美国人结婚很早，有许多人一毕业于高中或专科学校就立时结婚。华尔特在《我们的城》中借舞台监督之口说：“现在是 7 月 7 日，刚过高中毕业的日子。在此时我们大多数的青年奋身而起，结婚成家。他们一待把立体几何和西塞路演词考完以后，就好像突然感觉到自己可以成婚了。”华尔特的戏是以 1904 年一个新英格兰的小城为背景的，他所提出的成婚年龄，比同时代都市背景下青年的结婚年龄约为早些，但美国人确仍是很早结婚的。

这种早婚，大体上是由下面的事实所造成的。第一，因为除了一些特别的例外，在美国人的生活中，不可能有一种私通的方式，使得婚姻圈子以外的青年，可以公然实行需要躲在汽车里偷偷摸摸进行的不甚舒服的调情；第二，除了生殖腺的自然冲动以外，还有一种流传甚广而持之甚坚的信仰，认正常的性交为健康所必需，而禁欲则同便秘一样，对身体是有害的。

现今许多美国人到结婚之时，虽然事实上已不再保持处子之身，但他们婚前的性经验，大部分是偶然一次的，普遍都是酒后兴之所至的接触，往往就在车子背后或在暂无人住的空房子内成其好事，既欠舒适安逸，又不一定能守得住秘密；所以就大多数美国人而言，婚姻等于是经法律上裁可的初次的“私通”。美国妓女的数量虽然不少，但她们的主顾以年龄较大的中年人为多，尤其以与妻子长时分离的已婚男子或操外国语言的移民为主。过去很普遍而且廉价的妓院，现在数量日益减少，费用日益昂贵，已不像对大多数法国或意大利青年那样，不成为大多数美国青年教育内的一项节目。

因为结婚较早，在选择对象之时，又缺乏可资参考的经验，所以无怪离婚的现象，在美国要比任何其他国家要常见了。既然“私通”要经过正式的裁可，则婚姻的结束也同样要有正式的裁可。尽管有许多由英国的或宗教传袭而来的法律假设，而且各州关于离婚的法律大有不同，但根本上离婚是经双方同意的。在许多州内，关于离婚时财产的处置，对女方有特别的优待。

照通常的情形，一个人离婚以后，几乎便立刻重新结婚。那个使第一次结婚被认为合宜的理由，依然有效；身心成熟而不结婚的个人，除了在大城市的富人间和流浪人士之间，是没有受人尊敬的社会地位的。结婚即便没有别种意义，至少也是对寂寞之痛的最好的抵制。

一般认为婚姻是建立于浪漫精神与恋爱基础之上的，其间并不包括其他的条件。通常是没有金钱上的出入的；新娘并不被期望带一笔嫁妆来，而新郎亦并不被期望要作一种金钱上的处置。新婚夫妇的家长，除了“给予年轻人一个起点”，给予没有明文规定的协助外，在金钱上并无公认的义务。

恋爱的狂欢，即使是婚姻的唯一理由，但恋爱狂欢的阶段，是难以维持长久的。通常接踵而来的，即为家务的苦闷，扶养家庭的困难和责任，所以美国人对于自青春期以至自己的第一个孩子出生的一段时期，极端地珍重。这一时期，差不多每个人都认为是生命的巅峰；过此以后，便逐渐地走下坡路了。这个时期，大约是12岁至25岁的青春时期——我们生命中最好的年头，而且可以几乎毫不夸张地说是生命的主要存在理由；凡是度过这个时期的人，所负主要责任之一，即为务使他们的子女，至少也能同他们一样享受青春期。年龄较长的人，对于由1929年开始的经济恐慌，之所以暗中自觉歉然，理由之一即为这种恐慌妨碍了整代青年人青春的享受。而美国参战以前，大家所以反对把美国孩子派往国外，并且一待军事胜利以后，即要求尽可能从速把他们调回，主要理由之一就是不要让他们的子弟，把一去不复返的青春糟踏了。这种对青春的强调，在美国的公众娱乐、电影、杂志、长短篇小说、广告等等中，都占重要的地位。事实上，美国人的平均寿命，比世界上任何其他民族为长，而且也像其他都市社会一样，人口中老年人的数量日益增加，但却缺乏一种通告大众的媒介，来使人知道这一点。美国人喜欢自己设想并被人视作处于生命的巅峰地位；他们宁可和他们的儿女，而不愿和他们的家长沆瀣一气。美国人根据同样的理解，常常自称为“年轻的国家”。其实在许多方面，他们实在可称为“最古老的国家”，因为世界上没有一个其他的强国，如他们那样仍生活于18世纪的宪法之下，也很少有国家在政治上像他们那样保守的；不过因为青春被非常珍视，所以势所必至把整个国家称为年轻的国家。基于同样的理解，应征的年轻士兵，即美国大兵，被人感觉到并被称为美国“典型的”代表；这种代表性，就一方面说乃是年长的军官或和平时代的俱乐部妇女所达不到的。年长的美国人，尤其是男性，对他们的青春则不胜其怀旧依恋之感；中年的男性政客，把应征的士兵称为“我们的孩子”（注意不是“我们的将士”），这一句话所包括的情感，与任何其他国家对他们在军中的代表人物的称谓，在品质上和在强度上是不同的。美国对军事人员，所以给予比较丰厚的慰劳金（红利）（哪怕其实有些人整个服役时期都是在国内做些办公桌上的工作），恐怕就是为了补偿青年们若干年的青春损失，虽然就我所知，这并非出于有意的计划。美国的青年，除了体力的英武以外，有两个主要的特征：比较缺乏责任感和热衷“交际约会”生活。客观地说，“交际生活”乃是美国居民所特有的固定程式的求爱阶段前的行为；主观地说，它是个人生活巅峰期内最重要和令人愉快的要务，等到事过境迁回顾起来，可以有越来越强的魔力，甚至超越过去和现在的现实，所以遇到失去若干年的现实的人，就有许多人企图越俎代庖，为他们提供一个聊以解嘲的替代品。我们可以毫不夸大地说，在多数美国人看来，独立宣言中所称一种不可转移权利的“幸福的追求”，就是“交际约会”的文雅的迂迴宛转的称谓。

“交际约会”不单在男女青年之间有重要的作用，在青年男子之间也有同样、或差不多相同的作用。关于青年人在同龄伴侣之间，对立和竞争选择“交际约会”，以及其竞争的成绩，有什么关系，前面已略有述及。就青年而言，幕后其他男性的竞争，实为一场“交际约会”成功的要素，男性在对女伴的选择之中是毫不掩饰这一点的。一个女孩子是否为理想的“交际对手”，与她是否受欢迎，存在正比的关系，也就是看其他男性认为她合乎理想的程度而定。表现在交际的过程中,一个人成功的程度,须视他是否能比对手获得更多的优惠待遇而定；仅仅取得同样的待遇，是不能全盘满足的，这也可以帮助说明为什么在“交际约会”中“轻易到手”比较不受欢迎。而且“交际约会”的胜利，只有在事后向同辈及对手叙述时，在“男人会”或类似团体中提及时，才有加倍的味道，在某些例证中，只有在这些情形下，才能充分证明他们重要性。

就情绪上而言，“双重约会”的格局尤其重要。这是朋友之间适常的和意料中的消闲行为。朋友间的友谊越深，则这种行为越相宜，而且越有必要。

处在同一年龄组别的男孩子和青年，应该抱一种友善的竞争态度；同年龄的人，是一个人可以用以检量自己的对象，如果对方获得绝对的成功，那自己自然相形见绌，深受打击，反之对方如果只是相对地成功，这种成功则足以刺激他作进一步的迎头赶上的努力。对等的或近乎对等的人，彼此之间既处于相同的关系之中，这种关系一般说来是均称而风平浪静的，在表面上是愉快友善的。其间在遇到有任何轻微的个人怪癖或特点之时，才用幽默的批评或冷嘲热讽，表现出一方的侵略精神，而最典型的方式，即为起绰号或“聪明地打诨”；这一种讽刺性的批评方式，关键在于在采用机智的措辞，来掩饰可能伤人的锋芒。

这种用意在于掩饰基本竞争性的友善诙谐——流布非常之

广，可以包括一个人所认识和记得的任何人——虽为多数男子之间的准则，但照人们的预期，他们至少直至求爱和结婚，彼此之间还有别种关系。在这种关系之下，相互的竞争是默默进行的，感情的热烈则继续增进这种关系，虽然并不期望垂诸久远，但一个人在一个时段只有一种这样的关系；在和平年代，这种关系可以“同房间”为典范——即两个青年在大学里，或在离开家园的城市里共居同一卧室。

这种同房间或同伴式的关系，可以有各种热烈的程度和强度；但是越热烈、强度越高，则这一对友人越有参加“双重约会”的必要：到了友谊最深的时候，他们也许甚至和同一个女孩子嬉戏，通过分享她的优惠而保持他们间的关系。这种关系在名为“Flagg and Quirt”的一组戏剧和电影中，曾有最奇妙的描写，而在实际生活中，也有许多同样的情形。这被认为特别具大丈夫的气概。

大家认为友人之间的关系越温暖，他们也将越热烈地共同追求女性，因为美国人对于同性恋一事，是深怀惶恐惊惧的。一般的美国人，不但对同性恋抱着嫌恶、憎厌的态度，而且带恐慌的性质；它被认为是一种直接的个人的威胁。

这主要的理由似乎就起于我们前面一再提到的女性式的良心，存在于内心的母性道德。因为每一个美国人在他的人格中都有一种女性的成分，对于自己本身的性别特质，常抱有一种深切的潜匿的怀疑；任何可以引起这种怀疑心的人物或情势，都将被视为对一个人尊严的严重威胁，对之将发生强烈抵制和惊慌失措的反应。第二个理由，也许是因为美国人在孩子儿童期中有一个显著的特征，即不断地催促他们尽力甚至超乎力之所及达到崭露头角和早熟的境域，因而使被动性成为始终存在的和始终危险的诱惑。第三个理由，无疑是因为大多数美国男性，由于他们所受的教养，势所必至对妇女感觉到深刻的互相冲突的情感。在儿童时期之内，妇女不仅为授予抚爱和奖酬的主要来源，也是实行惩罚或以惩罚为威胁的主要来源，所以对于大多数儿童，爱与恨、信赖与恐惧，变成无法分离的纠结。这种复杂的态度，其中消极的成分，因为顾虑公众的和私人的指摘，不便作公开的表示，其中积极的成分，就不免常常被过度强调，藉以向外界、尤其向自己，把那种作为一个正常的人所不应该有的感情掩饰起来。

这种复杂的态度，在战争期中有最明白的表现。在所有交战国家中，只有美国一国自动对所有外表看得出的同性恋者，规定不准加入军队；在应征时举行心理病症测验，其主要目的几乎就是为了鉴别出有同性爱癖的人。所以常有人说，避免应征的最容易的方法，就是剃去腋毛，并在体检时使用浓烈的香粉，别的都不用做。之所以有这种挑选方式，并不是认为同性恋者不能成为良好的兵士，而是对其余人的一种必要的保护。即使到了真正缺乏人力之时，也无人建议把这种被拒服兵役的人重行分类、让其服役。

在美国，同性恋之为一种威胁，不像西欧一样，被认为是对青年和未成熟者的威胁，而被认为是对成熟男子的威胁；无人敢断言自己不会陷溺其中。这一点在大都会戏院及滑稽戏中所流行的许多描写和笑话里，最为明显；其中幽默之处，并不是起于同性恋者女人式的姿态和说话的腔调，而是起由于剧中的丑角，把剧中人的无作用的活动，故意解释成为对他个人进攻，常常引起哄堂大笑。

因为相信这一方面人人都有弱点，因为没有人敢断然自信不带一点娘娘腔，所以对于征募入伍的士兵，必须采取一切可能的警戒，尽保护的能事。淘汰公开的恶病中心，是第一步，但单凭这一步是被认为不够的，因为营房内住在一起的人，毕竟全部都是男性。为维持士兵们男女性别的利益，受报纸及公众所热烈支持的陆军部，鼓励士兵在墙上挂些裸露的女人照片，可供赏心悦目；由美丽动人的女艺人经常访问营地，以“激发”士兵的士气；红十字会、美国军人服务社、军中供应处等类似的组织，尽力设法为士兵于闲暇时供给女性的偕件（在监督之下），直至在一个外国人看来，全军都好像处于极度亢奋状态。这种活动，得到整个社会的赞许，甚至最清教式的团体，显然也认为这是正常的和合宜的活动。对于太随便以啤酒供应青年入伍军人，虽曾有过许多抗议，但就我所知，从来没有人抗议他们在周围置放半猥亵意味的艺术品。

在正常的情形之下，美国男子之间的一切关系，全都受这种深恐自己陷于同性恋的心理所渲染的。为了向自己证明这种恐惧之心并无根据，他们必须坚决地宣露对女性的兴趣；如和另一个男子有越热烈的感情，则他们两人越有必要，设法显著表示出他们对异性的兴趣。“双重约会”之举，即证明两个男性之间的友谊，具有正当安全的性质。

在前线方面，这种关系的可能危险性通常是不能用“双重约会”或共占春色来控制于安全水准之上的。在前线的情形之下，友谊滋生出极强烈的感情。最常见、容易促成“战争神经病”和“战争疲劳症”的因素，就是因个人“好友”“知己”死亡而引起的忧郁症——这种征象是很多的。不过在战争中如果双方安全无恙，这种关系便难以维持到他们回到美国之时，否则那就危险了。

大部分美国人，因为有这种向他们同辈、向自己证明不是娘娘腔、不是同性恋者的需要，使他们的生活受到了限制，他们的利益亦被严重地损害。任何兴趣或事业，如被认为类同女性的兴趣或事业，都会受到男性方面的置疑。这包括大部分的主要艺术，尤其是次要艺术如装饰家具布置、园艺等等方面。诗歌与绘画——都是危险的事业，而小说写作、音乐和建筑则比较安全。实际上所有知识方面的事业和兴趣，都沾有嫌疑的色彩；美国知识分子每遇集会之时，一大部分时间都花在大声疾呼、互相证明是正常人物上。如果看见了一位男性室内装饰家，就不免扬眉结舌，但如遇到一个女性人事效率专家，别人对她的女性特质，并不抱怀疑的心理。

关于这种不自觉恐惧心理的流行，根本没有言过其实。没有人能十分坚决地相信自己是安全的。杰克逊在《勇气的衰堕》中，以一个 40 岁有两个孩子的已婚男子作他不幸的主角，即在于把这种无休止的不安全感作非戏剧化的表现。

我认为这种恐惧心理与趋势的流行和严重性，与许多美国人的典型行为——酗酒至醉，两者之间可以推溯出互有关联的性质。有极少数人曾有计划地借酒而忘记一切，在清静时自觉歉仄不妥的行为，一到三杯下肚，良心上就有了安慰。但更为重要、更为普遍的，则为社交中的饮酒，在这种场合下，饮酒的人得许大大增加彼此身体部分的接触，其中尤为典型的，即为男女双手围颈，酣歌嬉舞。这类社交晚会的重要价值，即在于摆脱一切日常的禁忌，产生出强烈的温暖之感。

由此可以引申，美国男子之间的关系，照常是很淡薄的。所有的美国人都要求得到别人的称许，但这种的称许是很容易获得和表现出来的：只需以小名称呼，开开玩笑和拍拍背，随意地一起喝酒和消闲，轻快地谈话就行了。差不多所有的美国人都深恐被人拒之大门以外，所以把凡不轻易表示友谊的人，斥为“目高于顶”、“摆架子”或是“谄上骄下”，打算在被拒绝以前先予以拒绝；因为一个人如被拒绝，即使对方不过是一个趋于形式化、面貌森然的仆人，自己仍有一个失败者的嫌疑；也许不值得受人之爱。反之，凡是富于表示这类简单的友谊迹象的人，尤其是对经济状况和社会地位上不如他的人，能殷勤接待的人，则被颂为“真正的汉子”，“真正的民主分子”。“民主”一词，在用于说明性格时，一般是指一个居于较高经济或社会地位的人，使地位不如他或她的人与之相处而不觉他们处于卑下位置的行为方式；这个名词是没有政治涵义的。

美国男子之间的友谊，因为大部分是散漫的和缺乏深度的，所以严格限于同时代的人之间。对逝去的青春所发生的怀旧之感，曾使共享同样经验的人之间的某些旧有关系，保持弗失，但大多数美国人一待结婚以后，往往就放弃同年龄组的友善的竞争友伴，而代以他们现在所处地位上最切近的对手——他们事业或职业上的伙伴，也常常是他们的邻里，他们儿女朋友的家长。美国人可以毫无牵挂地变换住址和职业，而住址和职业一变，朋友也就换了一批。这并不是说美国人缺乏出于自觉的挑选，不过这种挑选，难得有重要到虽然不复共居一地或共理一业，而仍旧努力加以维持的。就多数美国人而言，在许多服务性和爱国的俱乐部及团体中——如扶轮会、狮社、克华尼俱乐部（创立于 1915 年，以提倡工商业及自由职业的高尚理想为宗旨——译者）、麋社（共济会分会之一，创设于 1868 年——译者）、共济会、美国退伍军人会（创立于 1919 年——译者），找到足够的友谊，经常举行热闹的活动。

以上所述，并不是说美国人比起欧洲人来要缺乏朋友；实在的情形，除了在流动不定的人口中最穷苦的分子外，也许刚巧相反。不过一般美国的友谊是重广度而不重深度的，是立足于共同的利益之上，而非立足于性格意气相投之上。近年来恐怕每一个西欧人士都曾感受到，美国人是非常容易给予和接受友谊的。这种友谊，也同欧洲人所艳羡的家庭用具一样，就美国人而言，不是一种奢侈品，而是一种必需品。

[第五章]

人是机器吗？

友谊与抚爱的表示，对美国人是不可或缺的东西。他对这种表示的要求，是永不满足的，每遇受阻而不能获得友谊与抚爱时，就不免引起痛心蚀骨的怀疑，害怕自己是不被人爱的，害怕自己不算成功。每当两个或两个以上的人聚在一起时，无论是极寻常还是极重要的会晤，无不期望有这类友爱的表示。即便只是买一点点东西，都必须浅笑迎人，并心领意会地表现出卖主以能为你服务为快；最严肃的商业或政治会议，开场时必须彼此招呼，互话家常，表示与会的人互相融洽无间。这种友爱的表示，是没有其他东西可以代替的；勉强不欢的服从，会产生不安、傲岸的骄矜、恐惧和敌视心。美国人人人平等的思想，要求人与人间的一切关系，都应该带上几分友谊与抚爱的色彩。

这种情势的最难索解的例证之一，即为南方美国人要求黑人应该采取的态度。黑人在最后的恐惧与权力的强制之下，处于屈辱的地位，这一点是无论白人黑人都十分明白。不过白人却要求黑人在和他们相处之时，应该保持笑容可掬、热诚和友善。任何冷淡或置身局外的表示，都将被视为无礼或敌视，至于面有愠色，所招致的不满就更不用说了。任何黑人如果没有表现出按常理他自己都感受不到的友谊态度，即被斥为“桀骜不驯”。

如果其他一切条件相等，凡最充分表示友善兴趣的人，也最能获得习俗的赞许和投票的支持。1944 年工业组织大会为鼓励工会分子参加地方政治起见，曾出版过一本《美国人的政治》，其中一页，为题名为“政治家——他是如何长成的”的两幅图画。第一幅画是一个演说者，站在名为“公共职位”的大建筑台之前；第二幅图表示出台后演说者循以进身达到声名的阶梯。阶梯的各级，从底下起每级都有说明：认识邻里——听受意见而不强辩——记取人名地名——登门访问——做各种打杂的工作——在本部的工作——开始参加讨论——认识‘老板’——在会议中发表演说——给人嘉惠——解决纠纷——取得选票。从市政府最低级的官员起，直至境内最高位置止，这种规则只要加以必要的变通，都同样适用。记得别人的小名和个人的癖好，比最明智的立法可能获取更多的选票。

这种友爱迹象的表示，因为具有重大的商业价值，所以不能听任气质方面好恶无常的支配。大量以吸引公众为职业的人，受教和学习如何作友爱的表示，作为他们职业配备条件的一部分。常有人设班授课，郑重其事地教授“获取人心的微笑”、“表示友善的握手”、“欢迎来访者，使宾至如归”、“兜售的职业”、“带微笑的发言”等等。这种友爱的表示，有时被推行到极广泛的程度。有些风景名胜区的市镇和旅馆，都有职业的招待员，他们负欢迎新客之责，对游客仿佛一见如故，多年老友似的。性的兴趣也同友谊一样，是经过伪装的：大多数航空公司和其他豪华的旅行机关，通常都雇有美丽的女侍应生（航空公司最初雇用女侍应生的原意，可能在于使胆小的男性旅客对之生愧；在一个美丽的似乎十分镇静的女性之前，如果显出恐慌的光景，则将被称为“娘娘腔”)，她们职务的一大部分，即在和素昧平生的男性旅客，作普通交际中的初步应酬功夫。在美国西部及西南部若干专门供应汽车客人的咖啡馆，雇有极美丽的女侍，可以无需你下车，把你所要的咖啡、可口可乐、腊肠面包送到你的车上，她们身上穿得少到不能再少，只消解开两个结，便可变成完全的赤裸。自然在工作时间内，这些结是绝不解开的，而且大部分顾客，把吃的东西吞下肚后，便开车离去，很少人和这些笑面迎人的美女再有见面机会。不过这种意在不言中的暗示，增加了所吃的东西的滋味，也许还可以诱使顾客，在再有旅行时不辞多走几里路，作第二度的光顾，而这一点也就是引人心痒的全部目的。

在这一个尺度的另一端，则为若干小城镇，在他们人口聚集区之外的荒地上，由旧铁路客车改装成的因陋就简的餐车，为招引顾客起见，显著地展示着受污损侵蚀的招贴，保证“招待周到”、“宾至如归”。在战时非常需要血浆之时，美国红十字会曾于各地设立血浆银行，办理极有效率；在许多银行内，一个人到行输血，在离开该行出门之处，就可碰到一个自愿服务的专门向人道谢的人，向某殷勤热烈地致谢。这种工作被认为是重要的战争工作。

这种训练有素的友爱迹象的表示，在历史上也许曾被雇主方面所利用，他们注意到凡是气质上适宜于作此类行为的男女销货员，可以吸引较多的顾客和推销较多的货物，因此他们要求所有的雇员，都要作同样的行为。但今天的情形，又有更广远得多的扩展；加入教授“爱娇”学校的女子，一本正经地遵奉着可使她们变得娇媚的教导；而卡内基的《如何获得友善及影响他人》十多年来始终是一本畅销书，书内的训诫并被人小心信奉。书内有流畅而生动的详细记述，教人如何做得使别人相信你喜欢他们，如何佯装友谊。对诚意问题的质疑是根本不会发生的，读者在希望实现书名上所承许的目标时，无疑是怀有一片真诚之心的；他的成功全要看他信守书中训诫的程度而定。

这种以及许多其他担保社会成功及幸福的书籍和学校，其重要性在于其本身所包含的对于人格、对于自我的观感。在购买这些书籍和考入这些学校的美国人看来，我们并不是“像上帝造成我们的原样”；我们也许不能通过处心积虑，而使我们的身材增高一分，但我们却可以变换我们对世界所表现的形象。个人的人格被视为好像原料一样，有待塑造改进，而性格实受意志的支配。

在此处移民的第二代也许又占据决定性的地位。从各地而来的外国人的子女，具有各式各样的心理气质和身体结构，都在学校之中经陶冶而变成为美国人。在这种情形之下，个人的人格，并不一定仅仅是世袭特性与经验影响的产物，也不一定是必须加以培植的一种发展迟缓的程序；它也可能加以塑造或改进，从而更加近于内心的希望，或者至少其造就的模式，可以比较更能赢取友谊和影响他人,招引定货,顺利地推行“生意”,让顾客心满意足。

这一切包括许多的涵义。不擅交际的或孤僻的人，是不受人怜悯，而受人责备的（至少新英格兰以外的情形如此）；如果他希望并作绝大的努力，他可以改变他的人格；如果其结果不改故态，那是表示他或者意志薄弱，或者更可能是品性恶劣，不尊重他人的意见。“你也可以得人望的呀……”

所以照这样说来，人也同任何其他事物一样，须以相同的方式加以发展利用。勇于作为和环境优越的人，固然可以将自己的利益好处加以发展运用，但多数人势所必至只有把他们的娇美、他们的坦白、他们的温情、他们的性感、他们的声音，卖给或租给一个老板，以出卖劳力一样的方式，为老板的利益而利用。动人的浅笑或悦耳的声音，差不多和会计的知识或矿冶的技术一样，同是一种可以买卖的货色。“推销自己”，对一个刚进入职场的青年而言，是一种可赞美的行为，而且也是“推销”一种思想或计划所必要的初步功夫。一个不懂“推销”自己的男人或女人，在事业上是受极大阻碍的。

再重复说一遍，人格是被视为一种商品、一种原料的；它也同其他原料一样，可以操纵、改造、研究。比较新近的美国心理学的许多发展，无论在工业或在学术领域，都将这种对人格的看法，列入于基本假设之内；此外，无论在专门的或通俗的理论与实验记载中，常显著而经常地根据机器，来对人类行为作种种比喻及叙述。

对人格的研究和操纵，是美国人态度的最后发展；这种态度，在美国独立生存的大部分时期，是美国的特色，也可在很大程度上说明美国富饶和强大，即精密地分析人类的技能与生理的动作，以后再加以利用。美国人技术天才的发展中，包括有两个基本成分，其一便是把人视为工作机器的看法。

美国的技术革命与工业革命同时发展的。许多精细的带有艺术性的工艺，例如精美纺织、细镶木作、精细玻璃工、镶制金银等，过去都有几世纪的历史，是在师徒技艺相传的传统中发展的，因为此种显然的历史性的原因，所以在美国始终格格不入。等到关于这些精细制成品的需要增加后，美国人初则输入制成品，继则索性把曾在欧洲学习这种行业的艺匠运往美国。然后他们再把这些商品的制造作系统的分析，制造时用些什么工具，制造时的每种动作姿态；接着再设计出尽可能做出同样工作的机器，再把动作姿态归纳成为可以加以控制和分析的动作，使原来一名艺匠需长年累月才能学得的技巧，几小时内便可应付自如。自然在有些例证中，最后的制成品不及原来艺匠的创造品富于个性，精美度与永久的价值也相形见绌；但是它们的产量不复以几百而以几百万计，制造每件成品的劳作时间非常之少，所以供给已经不再成为问题了。

这种程序仍在继续之中。大家知道促成原子弹发展的科学家，多数人是在欧洲习得他们的技艺的，且不管他们是向哪一个国家效忠的。在这些例证中，整个历史的程序又复演了一次。美国先是俘获了德国的既成品火箭飞弹，然后再加以分析；接着把技术人员、德国的科学家运往国内，再分析他们的行为；等到这种分析完成以后，他们开始制造出更庞大更优良的火箭飞弹，比德国的原作品飞得更高更远，而且虽然就我所知，官方始终没有对此事作过正式的公布，但无疑一定可实现大规模的生产。

这种技术的分析，是美国独立史上大部分时期对世界所采取的态度的一部分。除此之外，还有对工人姿态动作的分析，将其视为机械动作的一部分，这种分析也是20世纪美国发展的显著特征，在这一方面，特别重要的人物有泰勒、福特等。大规模生产要靠三样东西：一、发明无数的纽带；二、把机械的程序分成一些小的片段；三、分析程序中每一阶段进入第二阶段所需的动作姿态。第三点是最重要的部分，除非这一步布置妥当，否则其他部分都将不能生效，因为非此不能实现和维持均衡的速率，而均衡的速率乃是成组机件运行的一个基本的因素。

就工人而言，这样的发展，不需继续贬损他在劳力市场上原有的专门技术的价值。工程师这一职业所包括的复杂性虽然变得越来越高，但在现代大量制造业中，绝大多数职业是充其量可以在几个钟点内学会、几个星期以内完全娴熟的；而身体的良好平衡性与持续力，也往往变成了比技艺更宝贵的品质。工人们和职业的情绪上和知识上的联系，被降到了最低的限度。居住和求学可以使一个人长居一地，而职业的利益却不能；美国人可以，而且事实上满不在乎地改换职业，而且其中任何动机几乎都被视为正当。

所值得注意的是，个人与工作间绝少有感情联系的情形，以及往往甚至不知道制成品最后的结果，在美国人看来却并不认为是一种缺点。在制造原子弹的详细情形公布以后，大部分的欧洲人(我是其中之一)以及少数具有欧洲价值观念的美国人，认为参加这种工作的数以几万计的工人，既然人人都不知道最后的出品是些什么，一定会感到精神不振、沮丧、失望，几乎要像在劳动集中营做苦工似的，但实际情形却并不如此。我和曾在橡岗和其他原子工厂的工人谈话，结果表明他们和担任任何其他工作、工作报酬与工作时间相同的人，观感几乎完全相同(所不同者多一点孤立寂寞之感而已)。

就工程师的观点而言，人是机器的一部分，迄今为止还不能设计出完全可代替他工作的机器。这个观点是必然为工人所接受的，他并无选择的余地，只能承认他的身体可以作为一架机器的配件，他的肌肉的张力和灵活协调，是可以最有效经济的方式加以利用的原料，而他的工作应该是去学习少数例行的动作，并连续不断地去做。在多数工人，他们似乎好像并不感到这是耻辱或自减身份，而是认为这是生活的必要条件；工作的单调，则借白日的胡思乱想而得以排遣；人们注意到的是，改良工作条件者多，至于个人的人格与技艺，与包括这么多工作时间的职业之间，几乎完全脱离关系一层，却难得加以过问。但以上这种情形虽被接受，事实上却也有迹象可寻，表明他们也许不自觉地也有不满之感；美国非技工的高流动率，以及实行最大规模大量生产的工厂内工人的高流动率，都表明一般人有一种焦躁不安和另求新路的心理；而这种高度的流动率，又产生了一个附带的结果，即大大增加了美国人认为最可怕的寂寞感与孤立感。

一个人与职业缺乏密切的关系，看起来似乎带来了两个主要的心理产物：注意力的下降和力求避免职业以外的无聊生活。实际上这两方面是互为补充的：作千篇一律的一组规定的动作步骤，只有一个低能者才能够或需要高度集中注意力；因之工作时间势所必至成为令人厌倦的时间，只有靠了白日间的胡思乱想，才使厌倦之感得以消减。这种厌倦之感虽然并不被认为是耻辱，但却被认为是痛苦的（正如从前认为身体的疲倦是痛苦一样），因此在工作时间以外，就要尽一切努力以求避免再有厌倦的情绪。于是乎产生了种种娱乐事业，在美国，这种事业的规模、范围和雇用的人员，也在持续扩张；而大规模和不断增加使用镇静神经的药剂，尤其是酒精，作为防止厌倦威胁的方法，似乎也是由此而来。

许多美国人利用他们的余闲，从事建设性的活动，美国人中自己动手建筑房屋者数量之多是令人吃惊的。这类的活动虽然也常常被简化，直至所谓活动，只需仔细执行详细的规定便可完成；但在大多数人，在工作时间以内既成为机器的一部分，所以能在自己闲暇的时间内主动驾御一种机器，就成为最大的补偿。大多数美国人在处理机器之时，表现出自信、极大的才能和极大的愉悦；花上几个钟头把一部损坏的机器拆卸了重新修整好，是一种经常的愉快之事；在战争期内许多青年，因奉命掌管庞大的掘土机或较强大的飞机，曾使他们的生活，最接近狂欢的境界。

我认为无须采取任何社会的价值标准，都可以这样说：工作既然仍占去了一个人在清醒时的大部分时间，而同时人和工作之间却越来越失去兴趣和联系，这种状况本身将产生出真正的心理上的无所着落。不过这一点是很容易引起错误的过分渲染的，也容易把艺匠从工作方面所得的愉快和自尊，作浪漫的寄想，而忘记了他工作完回来时的龌龊和贫穷。但即使假定这种把人视为机器附件的看法，本身包含有真正的心理上的徬徨无所着落，而且可能具有严重的性质，但美国人为了他们的技术发展，这却是他们所必须付出、也是他们所愿意付出的代价。他们曾凭了这些技术发展，生产出用任何可能的标准衡量都不失为庞大的物质财富，使他们虽然仅占世界人口的6.5%，却拥有了世界财富的20%。不管分配方面如何显著不均，但美国人民多数都能分占到这种财富的好处。用罗斯福总统就任第二届总统演说中的话来说，美国人口有三分之一，主要在南部各邦及大城市的贫民区，都是“衣食住感到不足”；但其他三分之二的人口所能享受支配的货物与服务、个人平均拥有的马力、食物与居住、休闲与娱乐，是非世界任何其他国家的人民所能接近的，至于与他们并驾齐驱就更不用说了。“美国的生活标准”一词，并不是一句空洞的自夸而已；根据所有物质的标准而言，多数美国人所享受的生活方式，世界上除了极少数人外实在都难望其项背。如果人类得以征服贫穷,如果使舒裕和富饶的生活,置于人人可及的范围以内——这当然是一个极良好的目标——那都将感谢美国人的发明力和他们树立的典范。这当然不会没有代价,但事实上在其他的社会内,所付的代价一定还要大得多。

如果说姿势动作的分析和分裂化，曾产生了这种重大的回报，那么对于这一程序的几乎漫无计划带来的副产品，即知识的分裂化，就不能这样一概而论了。也同姿势动作和机器被细分为极小部分一样，知识也有被缩纳成为一连串不相关联、各自孤立的部分的趋势，一部分与另一部分之间，正如一张钞票与另一张钞票之间的关系一样；一个人如果是一个多面手更受欢迎，一个学者，差不多好比百万富翁，对于各组事实都能通晓记忆。这种态度的最明显的表示，可见于无线电广播中盛行一时的、以“提供资料”为首的答复询问类节目。在这种节目中，大家被邀请参加“难倒专家”。这种节目的实际情形，乃是电台所聘的“专家们”，受听众的质询考验，看他们是否对各种互不相干和隐微奥妙，都能保持不忘。在答复背词之时，虽间或表示出机智，但其间实际并不包括任何智慧的成分，只需记忆隐奥的引证和历史的碎屑而已。在其他的质询节目中，隐微深奥的标准降低了，但所受的考验也是记忆重于知识。

这种对知识的态度，深植于美国的教育制度之中。从就学前婴儿的智力测验起，到研究生的入学考试止，应试者名次的先后，最主要看他们记忆不相关和没有联系的事实的能力和说话的敏捷而定。在相当典型的考试卷子内，往往包括许多测验的题目，卷子的一边是题目，另一边是每个题目的几个备选答案，让应试者注出哪一个答案是准确的。这自然是为了便于批注分数，和便于严格比较评定不同的应试人和不同各组的应试人成绩的办法。在有些考卷中，问题的提出方式，虽然极为巧妙，但因为在纸上同时印出错误的答案，就差不多势所必至使准确答案的重要性，降低至一个孤立的事实。就大部分的试卷而言，关于这种拼合的资料碎片之间以及于考试以外任何东西的相关关系，却是很少加以发挥的。

遇到非常时期，需要大量民众于极短时期内习得新的技艺时，知识的分裂化，就表现出了丰富的成效。在这次战争中，需要大量的航海员、地图缮绘员、海军及航空工程师、能操日语和华语的人，以及许多其他的专家，美国能以令人惊异的速度，将所需的技艺灌输给规定需要的人员之中。从来没有见过海面的青年，在短短几个月以内，被调整而担负起驱逐舰和潜水艇的工作。他们当然不像会以毕生学习一种行业的人那样应付自如和充分自信，但他们确是获得了必要的技艺；他们获得了战争的胜利。美国当局把必需的技艺和知识，分成为各小部分以后，便可以以非其他国家所能赶得上的速度，做必要的培训工作。

知识的分裂化，除了使学习新的程序变得轻而易举外，其他的好处就很少了，而且还有极重大的缺点。前面已经说过，多数美国人在参加自己莫名其妙的制造过程中，甚至连最后造出是什么东西都不知道，却并不因此而有自觉的不安感。不幸许许多多参加社会程序的人，虽然不知道、或差不多不知道程序的作用，也缺乏同样的不安感。美国最大的政治危机，即为全国公民中，竟会有一大部分人对于他们的社会，抱有同样的消极和不求甚解的心态。正如美国的社会与美国国民性和欧洲大不相同一样，双方可能的政治发展和风险也是大不相同的。欧洲式法西斯主义在美国也不至于有更大的发展危险，不说别的，单是美国人反对公开表现的权力这一个理由已经够了。对美国民主真正的大威胁，实在于它公民的冷漠和消极；这种特点如再增强，从事政治生涯的美国人士的才智素质如再行降低，就很可能引致成国家实际的瓦解；或者还有一条路，即他们这种冷漠的态度，可能为一批自命为优秀分子的“社会工程师”乘瑕蹈隙，加以操纵。“社会工程师”就是一个流行而极足以发人深省的名词。

知识、甚至交换意见的继续分裂化，明显将这种冷漠升级为消极。大多数美国人受到影响最多的交换意见的媒介形式，即无线电广播，而照美国国内无线电广播的发展情形，也有继续分裂化的趋势。许多曾经批评美国无线电广播的非美国人（他们的批评根据的是趣味的标准），发现商业广告的庸俗且令人不快，除了少数特别广播节目外，其他节目每隔五分钟，即被商业广告打断。这种美学的观点也许是正确的，但如与心理层面的后果比起来，仅居次要的地位。一个人注意力的转移，譬如从注意一个政治纲领的优点，忽而转移到一种秘传通便药的优点；从一支大军的进展，忽而转移到某一种牙膏的畅销；从农业科学化的谈话，忽而转移到早餐谷类的“科学”煮法；从关于国外贷款的讨论，忽而转移到分期付款购货的便利；从联合国发展忽而转移到大百货公司的生意买卖，这种注意力的分散转移，对听众必然会产生下列两种后果之一：为了避免纷乱，就必须把收听的节目，缩限于极少的选定的段落；或者把所有听到的节目，等量齐观，视为具有相等的趣味性和准确性。后者自然是广告节目主持人的目标所在，而且这个目标似乎可能正在继续实现。

有些广播节目，在其非商业广告部分，包括可能对公民有一定重要性的资料，而在这种广播中，分裂的情形最为显著，但并不局限于此。一般最流行的娱乐节目，形式是由一小队固定的人物，发表一连串娱人的没有逻辑性的话语。笑话通常是很出色的，而且很容易插入谈话之中；但只有少数节目的极小部分，笑话才能列入具有意义的一类，这方面尤以亚伦最为著名。多数的说白本子，都可以将之割裂和重行配合，适用于任何其他的品类而不会丧失理解与笑料。有一个普通形式的、其中连续性占有重要地位的娱乐节目，即为边疆性的娱乐，所谓 soap opera，常占去白天许多的广播时间；它们需要听众经常的注意，虽然也许每次只要放一点点注意力就行了。它们也像另一主要的集体交换意见的工具——电影一样，供给集体制造出的奇思诞想，以补充人们私下的胡思乱想。

交换意见方面的分裂色彩，虽则在集体式的媒介方面最为显著，但即使在面对面的谈话中，也是一个可以注意得到的成分。“聪明的打趣”，平常都是孤立的、自足的和没有内容的。美国男子间谈话的主要特色，即为一待谈话不再带个人性质之时，就开始交换分门别类的事实，尤其是那些可用数字表现得出的事实。其所以要提出这类事实资料，照例并不是用以支持一种主张，甚至不一定用作掩护夸张内容：如人口的统计及一个社区的发展，某一工厂的体积与生产量，某一种机器成绩表现的详细情形，都是为其本身而一说再说的。这种一再的复述，用意是友善的，甚至是很慷慨的；如果听的人偶然把这些传授给他的事实资料的某些部分记住了，他就因而增加了自己供应事实资料的总量。

分别注视事实的习惯，把事实视为好像各自分立的，并各具同等的真实性，在政治方面也具有重要的反响。许多美国的政治现象，在其他社会人士看来是充满矛盾的，但美国人自己却很真诚地并无此感，因为政策的不同方面，在美国人看本来就是不必连贯的。这一方面最明显的例证，是美国政治与经济的要求或行动之间常见的矛盾。在习惯以整体性视角看世界的人看来，对于美国人观察世界的分裂看法是不能了解的；因此美国人虽然完全不自觉地发表不同的宣言或做出不同的行为，但观察的人不免认为其间定有关联，因而视其为美国人出尔反尔，包含极端冷酷、不问是非和不道德的用心。在若干方面，美国人的世界观，与许多原始部落的世界观，与也许可称为原始的世界观，大不相同。绝大多数的原始民族，除了若干著名的例外，都对他们所知道的宇宙间的各种现象，认为互有微妙错综的相互关系，所以某一方向的行动，可以影响到，也可以被一些完全不同方面的行动所影响。这种世界观，以各种魔道和禁忌制度为典型。在西欧方面,虽然已经否认了许多这类联系,但是仍旧认为宇宙包纳有复杂微妙的相互关系。在美国日益增长的趋势，却是把宇宙的每一方面，分别作观察，仿佛每一方面都是各自独立的。美国的主要哲学实验主义，与其说是一种宇宙论，还不如说是一种观察宇宙的态度。

欧洲人与美国人宇宙观之不同，可从双方所用比论的形式中,看到两者之间戏剧性的和系统化的差别。欧洲,特别是英国,通常不断以树木来譬仿制度与功能过程：修剪与立桩也许可以防止不良的发展，适当的照护和注意将加速生长，忽略和不良的处置，将有妨碍、甚或伤害的后果。在许多英国人的思想中,都带有与有机物发展作比较的习惯；他们无论在讨论联合国或殖民地人民的独立、品格的发展，或是经济问题时，都倾向于把对象当做本身具有生长和发展的法则，对这种生长发展应该加以明智的培植，不能揠苗助长，也不能横肆妨碍。在同样的情形中，美国人则以机器来取譬。所谓机器，就是设法把一系列不相干连的部分，并合起来产生出预定的结果。如果它不能产生出所希望的结果,或者产生得不够迅速,那就无用等它发展;一个人应该把它拆开,再利用拆下来的各部分,加上必要的部分,造成一架有效能的机器。即使机器的效能合理,也没有袖手旁观,听其自然的理由；因为在昨天已经够好的，到明天又将嫌不够高明了。

这种态度只适用于那些可与机器作比的制度和功能过程。

对认为这种比拟不合理的少数人，尤其是认为不能适用于美国宪法内所包括的各种制度以及宗教的人，定将认为此种态度接近亵渎神明。不过这一神圣的区域只是很小的一片，而且差不多完全限于美国；除此以外，美国人就都能拆卸下来、加以改良，和重新装配，造成更现代化模型的，至于美国以外的世界差不多就更无例外了。

[第六章]

事物的世界

【第六章】事物的世界

我在上一章中曾经提到，在美国技术天才的发展中，包括两个基本的部分，一是把人视作一种活动的机器，另一是美国人对于物质、对于事物所采取的革命性的和控御自如的态度。美国人对于物质世界的态度，一向是、而且现在仍是带革命性的：旧有的传统和历古相传的规则，在经试验而发觉不合时，便被丢在一边，不带一点抱憾可惜的心理。如果有人对破坏传统，对某一种新办法的不切实用，提出任何的抗议，照例的反应为提出反问："为什么不？"美国海军工程队据说有个自夸的口号："我们可以在即刻之间完成困难的工作，我们可以用稍多一点的时间完成不可能的工作。"这也可以说是差不多每一个应付事物的美国人的口号。

美国对人对事态度的截然不相同，是很少有其他的对照能比得上的。大多数的美国男子（虽然大多数美国的女子并不如此）在应付其他人士之时，似乎常受一种不安之感所困扰，并以浮躁及骄夸之词，捉襟见肘地掩饰这种不安之感；关于他们那种永不满足的对别人信任的需要，前面已经说过了。反之，他们对事物的态度，却不受暧昧的纷扰，从容而充满自信，勇往直前而富创造性，实非世界任何其他社会所能见到或设想得到的。在个人关系之中，美国的妇女无论是否亲身在场，总占支配的地位；但是事物的世界，却是属于美国男子的帝国。

美国人完全支配他的物料。在大多数社会中，艺匠的显著特征，即为探寻物料的天然品质和强度，对它的性质与趋势，作巧妙的研究，但这些在美国人处理物料的途径中却并不占有地位。居于首要地位的，乃是他的希望，他的计划；如果自然界不曾供给这种所需要的物料，那么他即将尽一切的努力，改善和发明出可以实现他希望的物料。

这种态度，可能是在边境开拓时期的情况中发展养成的。在边境之上，实际上在杰斐逊（美国第三任总统，独立宣言重要起草人之一——译者）所梦想的美国之内，每一个家庭都要差不多做到独立；专精一门技术，很难使一个孤立的家庭继续存在下去，所以为生存起见，必须精通，或者至少应付得了多种的技术，临机应变的能力受极大的重视。再则边区人民无论为外来移民或本地土著，他们差不多一定会遭遇到大量的新奇原料，也是他们陌生不熟习的；因为美国大陆面积广大，各部分的野生植物、野生动物、矿藏情况、气候条件，大不相同。这种差别化的情形，在一世纪以前比现在还要显著得多，那时大多数较大的兽类尚未灭绝，与新移民差别极大的印第安人尚未被消灭或被圈居起来，全境尚未密布有可以输送转运各区物资的铁道、公路。而且，新异的原料，是普遍大量存在的，所以直到最近数十年内，保藏资源的概念才见流行，但新异的原料虽然丰富，要获取它们却需要意志和努力，要把它们改造以适应当时的要求，需要机敏和想象力。其间并无从容作精密试验的时间；是否能继续生存下去一事本身，有赖于能否对新异原料作立即的利用。

经过淘汰而继续生存下去的人，足够把他们的态度传之后人，使之成为美国对于原料、对于事物所采取的主要态度。就我所知，任何其他的社会从没有抱这样的态度的。这种态度，如从反面说也许可以有最好的说明。它与农民的传统态度完全相反，在农民们看来，土地及其产物，就是他们自己、他们祖先和子孙的一部分，因此他们的历史和命运，被认为交织成为一片，在人与物之间因此至少有某种合成一体的性质。但这一态度体系，除了美国南方为一部分例外，对大多数美国人是完全陌生的；在人与他的原料之间并无合成一体的观念；人是居于较为优越的和别具一格的地位，他把意志强加于人以外的宇宙之上。

这种态度在土地一事中可以看得最明白。土地不是一种供人爱念和救助的东西，而是供人开发利用的东西。矿岩业中所用的名词，往往被很有意义地应用到农业方面。作物是被“提取出来的”，土地是被“开采的”；在论及和探究植物世界时，就好像把它们当做矿物的世界一样。人们从一片土地上提取作物，直至地力耗尽为止，此后就把这片地丢开，正与从某一矿层内提出金属，直至矿层耗尽，再把它丢开，完全采取同样的方式。

这种处理土地的方式，自然造成了土地蚀坏和沙土洼地——人造沙漠——等恶果，而使保存地力成为迫切的问题。但这种情形并没有立刻改变一般人对土地所持的态度。人们不以矿区，而改以工厂来和田地与林地作比了，为了货物的生产，必须要维持田地上的作物。土地仍被视为一种原料，并不比一堆铁或地底的一个油井更加可爱。所以从技术方面说，美国人口中虽有近半数居于农村（居于居民数量不到2500人的小城内），差不多有近四分之一的人从事农业、渔业与林业的开发，但美国却并无堪与欧洲或亚洲农民相比的农夫。人们可以赖土地为生，但是文化、价值观念和娱乐方式，主要仍具有城市的性质。

此处应该提到一部分的例外，那是从动物方面资以为生的人——牧者、牧场管理人、以陷阱或捕机捕鸟兽的人。将兽类视为没有生命的东西，同矿物作一样的处理，那是不可能的；那些从事兽业的人，自己认为，也被大多数国人认为是例外的和多少带有浪漫情调的人民。他们是美国人口极小的一小群。

在绝大多数美国人看来，事物的世界中，包括各种没有生命的物体、各种矿属，以及可以与矿物作比的东西——土地、树木、水。在这个物质世界之中，他们居于至高无上的地位，他们可以以无穷的机智改造事物，供人们使用、享受和生利。这种利用事物的机巧，在近代获有一个特别的名称——“诀窍”；这是一个很恰当的被认为带有美国人特色的名词。

应该注意的是，诀窍与发明力并不是同样的东西。土著美国人所做的基本性发明，为数之微出人意料，不过一待某次基本的发明问世以后，由铁路、汽车以至雷达和盘尼西林，美国人便会加以改进改进，使之适合于工业的用途，特别是加以普及，在这些方面是非其他国家所能望其项背的。美国人对自己所抱的主要幻想之一，即以为现代基本性的发明，大多数是美国人创造的，而且他们居然能使世界其他地方的许多人士，相信他们的这种幻想。现在似乎有一种普遍的观感，认为美国既然毫无疑问是技术发展最先进的国家，那么使这种技术发展成为可能的基本发明，一定也是由美国肇端的。这种观念，是由相当一贯的“掩蔽真相”与虚伪暗示所造成的。把重要发明起源于外国的事实，悄悄地忽略过去；而对于美国人的改良，或甚至第一架美国的模型，则大吹大擂，竭尽庆祝之能事。以林白为第一个飞渡大西洋的人这一神话，虽不属于发明的范畴之内，也算是这类曲解事实的一个典型的例证。

美国人的技术天才，其表现于发明者要比表现于改良及普及方面者少，从一个民间的发财秘诀中，也颇可看出这一点：“造一架更好的捕鼠机，世界的人便会争先恐后上门抢购了。”其向有为青年建议的，乃是踵事增华的改良，而非另辟蹊径的发明。

改良事物的方案，增加供人利用享受的事物的生产，成为生活中最重要的目标。在追求这个目标之时，抱有热诚的精神和献身的心理，而在其他的社会中和在其他的时代内，只有在追求神明和智慧，或作战时，曾表现过同样的热诚献身的精神。任何计划或规例，如阻挠了、或被认为可能阻挠这种供应更多更好物品程序的，都将被人视为大逆不道而加以抗拒，好像宗教信徒抵抗亵渎神明的行为，好战分子之反对和平主义一样。因为这一种情感，才使人越发拥护反托拉斯的法律，和使罗斯福新政初期的所谓宰杀乳猪事件，在当时推行的各种新奇措施中，成了引起最激烈辩难的议题；并使一般人对于生产的数字，纪录的突破，以及造就更大更好的货物，发生真诚的爱慕，并产生“与有荣也”的感觉。一个人只有根据了这种背景，才能了解大多数美国人对于抽象观念“自由”和“机会”所提出的解释。“自由”一词，除了指随心所欲、做自己欢喜做的事，不妥协于权力干涉的权利以外，尤指造作更多更好的事的权利，不受政府或感情用事的好心人的干涉。“机会”一词，乃是指人口中最可能多数的人参加这一类活动的机会。这种抽象名词的政治涵义，是求有利于具创造能力的人士；主要说来，即是要建立可以予创造才能以最大便利的政治条件。

除了一群无足轻重的知识分子外，所有其他的人都毫无疑问地信守这种态度与信仰。关于已故罗斯福总统的一个小故事，可借以说明。有一次总统与别人商量用什么方式把美国的文学作品和宣传资料，交到俄国人民的手中，以便使他们由极权主义者而改信一种民主的生活方式。大家对于美国民主政治的名著经过一番冗长讨论以后，据说罗斯福总统曾经说过：“如果要向俄国人指出美国人生活方式的优越性，我只要挑一本书交到他们手里就行了。”

美国人凭借大量生产的技术，已经制造出了世界上前所未见的更多更好的货物；但美国人对自己所抱的理想，倒并不是想做大量生产家。照他们设想的理想情况，最好是独自一个人用了他的原料，使用他的勤勉、机敏和诀窍，使以前只有一叶的小麦，能生长出双叶来；或者制造出数量不断增加的更好的捕鼠机，直至受鼠患所扰的人都能手备一机为止。这些理想可以说明美国人对“私人企业”一词所赋予的半宗教式的额外意义。它也使企业扩张的二十年代的口号 “美国的事业就是企业”，“凡对企业好的，也就是对美国好的”，有了意义和变得亲切。

这种理想的情形现在已经很少有了，并且早在50年前就已经不再是典型的现象了。但是事实上的已变成很少见，并没有减少理想的势力；大多数的美国人不管他们自己从事何种行业，都相信美国应该是小生产企业家的国土（或者相信如果没有“政府”或“大企业”的干涉，美国就会成为这样的国土），正好比许多英国人不管一切相反的证据，仍坚持相信英国主要是农业的国家，并相信大多数人民居于乡间一样。

以早已消失的过去情况，来描摹现在的图像，以及一般人的希望这种图像在将来能见诸事实，乃是了解美国人许多国外国内政治行为的基本线索。美国人绝不怀疑，这种生产的生活，这种制造更多更好事物以供更多数量人民使用的生活，是良好的生活；他们以单纯的传教式的热诚，希望那些运气不如他们优越的愚昧的人，也能分享这种生活。美国人的许多行为，在外国人解释起来，会认为是美国开发资本，用意不良地乘机扩充势力，而且事实上也许确有这样的结果，但是这种行为的用心，往往纯粹出于善意，不过是想使别国的人民，得以从限制妨碍他们生产的法律及传统中解放出来，和比较容易地把美国人的诀窍传授给他们。美国人自视为一个由企业家组成的国家，而不是由大企业家组成的国家；企业是创造性的和建设性的，大企业则具限制与剥削的性质。

我有一位友人，他在某一时期内曾在司法部的反托拉斯司中颇为活跃，并且有多次法院控告大公司时他也曾参加其事，他曾经告诉我，凡被传讯公司的律师们，往往不问案情如何，大部分的时间，花在努力设法使陪审团相信他们的公司代表小企业上，而联邦律师则努力证明被传讯公司代表大企业。案子的详细情形，往往非常复杂，非寻常陪审团所能理解；但他们具有一个一致的偏见，赞助小企业而反对大企业；实际的共识即看被告被视为属于哪一类而定。

此外还应注意的是，在上面所述的理想的图像中，企业者、即生产者是独自和原料在一起的，而处理原料的唯一标准，便是是否实用——处理是否适当，唯一的标准即看结果。在这个图像之中，其他的人是以极模糊的方式出现的，例如世界人士争先恐后赶到生产者的大门来，酬奖他的机智和勤勉。在理想的黄金时代中，生产者的地位是平等而独立的，除了乐买和乐卖的关系外，就无须、也没有设想到再有别种关系了。但是这种单纯的状态，即使说曾经有过，也早已经成了过去的陈迹；于是这里就有了一个大问题：在事物的世界中，其他人士占有怎样的地位？

就处于下位的工人而言，对这个问题的答复，一般包括两个互相矛盾的部分：一是把自己的工人看做东西的趋势，一是讨厌任何权势地位的感情上的平等思想。这从工人与雇主之互以教名相称和互相登门来往可以看出。这两个成分的存在，与美国有同样长的历史；至于两个成分中哪一个比较受重视，那就要看所处的时期、工人是谁和企业规模的大小而定了。工人越是显而易见的外国人，越显而易见不是白种美国人，则把他们视为东西的趋势也越强大。在美国历史差不多一半的时期内，国内大部分地方都通行以奴隶作为财产，而对于直至1924年止的大规模移民的一般待遇，与一般处理事物，处理原料，绝相类似。在移民的来源枯竭，变成为涓涓细流，因此使大多数的工人都是美国本国人以前，在物力的储存成为必要以前，法律上授予工人的权利是非常之少的；除了子女的义务教育外，实际上没有社会安全的立法；技工及粗工之间组织工会的尝试，曾遭受使用最大暴力的镇压，并得到社会其他部分人士的默许。至于近代的发展，把工人视作机器的一部分，在前面已经讲过了。工人作为一样东西而言，也同任何其他原料一样，可以作有效的利用，为了这个目标，发展了许多科学的和实用的技术。“工业效率专家”曾经发展出机巧的技术，防止工人肌肉精力的浪费；其方式可与工业工程师的防止热力浪费比论；而更为新近的工业心理学的发展，已能利用工人们的情绪生活，作为促进更大生产之用。

与此并行不悖，而且在某些地域和某些时期更为普通的态度，即把居于下位的工人，视为完全平等的人和完全的人类，即使不明白说出，至少含义是说，他们只是因为缺乏机会，现在还不能达到独立生产者的地位，但不久后他们就可如愿。在可以自由取得土地和小企业主盛行的较早时代，这种假设往往是准确的。在这种情形之下，农家雇用的帮手，往往被视为家庭的一分子，而小制造商对于他所雇用的人员，都是熟悉相知的，他们生了病，他去看顾他们，他们出了乱子，他去帮助他们，他和他们彼此往来访问。这种理想的真纯的劳资关系，许多美国企业家回想起来，辄不胜向往依恋之感；许多大公司的正式集会和郊外野餐，也就是想保存古风，画虎类犬的仿制。这也是老福特竭尽全力、想在他的庞大工厂中实现的图景。这一种图景，迄今尚未完全失去其魅力和吸引力。因此战时凯撒（工业家）给工人的待遇，例如组织一种优良的医药服务，便被人认为符合良好古老的美国传统。不过也许必须特别说明，这种传统不是慈父式的，而是近乎长兄式的，好似长兄对弱弟加以援手一样。

至少直至1929年，所显著不曾发展的，即没有把居于下位的工人视为一个阶级，在社会结构之内具有一定的地位、权利和义务。如从客观方面而言，对工人自然是可以作如是观的，但就主观方面而言，多数的雇主或多数的雇员都不抱这种观感，直至近代，工会仍为数不多，会员的人数甚少，而所有存在的工会，大多数为技工工人的组织；最初组织工会的尝试，确曾常常受到极大暴力的镇压，不过西欧工会的初期历史，也并不是一部一味甜蜜和光明的历史。即使到了今天，多数产业工人已组成工会，工业的规模扩大，使旧式的长兄照顾弱弟的图景，已成为不可能真正发生的构想，但工人中自己认为属于一个社会、政治阶级的，为数仍属寥寥。在高度工业化的国家中，只有美国一国仍没有一个由工会人员组织和代表工会的政党。美国现有的政治制度，使这一类的第三党很难取得完全的政权，至少在短期内难以如此。不过在制度本身中，并没有阻止个别候选人当选的地方。但即使工会中最激烈的一派，如工业组织大会政治委员会，对第三党的成立也只有微弱和散漫的要求。想在美国的国土内，根据欧洲的阶级观念而组织政党，已经可笑的失败了。弱小的社会党，其受工人的拥护程度几乎还比不上受大学教授的支持力度；而小之又小的共产党，除了极少数场面人物以外，其党员几乎全是大城市内工人、白领阶级和知识分子中尚未完全同化的外来移民和他们的子女。值得重视的是，各种美国本土的激进派运动，例如世界产业工人组织（1905年在芝加哥组织成立，于第一次大战中涣解——译者）、人民党（该党1891年组织成立，主张扩充通货、管制铁道和限制土地所有等——译者）以及农工党（以联合农工促进共同利益为宗旨——译者），其信徒都以乡村人口和流动人口为主，其目标在于恢复美国旧有的梦想和取消被认为附生的赘疣——由华尔街所代表的银行家的权力，征用小农和小制造业等等。若干早期的运动，曾经认真地想用炸药来轰平这种赘疣，但在这种暴力的背后，总差不多是一幅想重回没有阶级之分的社会的图像，而不是企图改善现有社会内工人的地位。这两者的差别是很深刻的，美国的“自由主义者”与欧洲的“激进派”之间的不同也在于此。美国的“自由主义者”力求保存过去的精粹，同时非政治性的保守分子则需要与时俱进；反之欧洲的保守分子要求保存过去，而“激进派”人士则希望加速未来的变化。因此之故，一提出“平民”一词，就可以唤起差不多所有美国人的同情之心，而提出工人的名义，响应就比较微弱了。

美国劳资间关系的标准形式，可以视作从一种双方共同怖惧的观念中凸显出来的。他们深恐一个人对于另一个同等地位的人，明目张胆地加以支配。在本身包括以权力支配他人的情势中，为避免权力的外表起见，曾有两种解决的办法：强调工作关系以外人类之间的基本平等性；或者另外一条路，否认居于下位的人有完全的人类地位，把他们看成一件物品，在这种情形之下，唯一的规则就是如何把他们作有效率的利用。美国人在国外与外国人士来往时，两种态度都有表现，而且往往交相迭起。

同辈的生产者、竞争者等，是很难当作物品处理的。所以在资源和权力方面，彼此之间不管有多大的差别，在理论与权利方面必须把他们当做人类看待，进而也就是把他们当做平等的人看待。

在地位平等的人之间，正常的关系应该是一种竞争的关系——合于理想的竞争，不过无论如何总是竞争。照美国人的设想，在这种的竞争之中，别人如占便宜，必然你就要吃亏，而并不像其他社会那样，可能把竞争设想成为人人可以获得胜利的情势，或者甚至设想为在竞争的情势中，高级的位置数量无限，所以别人的成功非但不是一种挑战，反是一种刺激。在你所接受的竞争中，如果别人的成绩卓越，那就是你的耻辱。在普遍的竞争中，一个人可以在一定限度之内，选定谁是他的竞争者，因而使竞争的激烈程度降低。假定他在估计本身的财力，确能实事求是，那么这种竞争，诚如主张的人所称，可以刺激人付出更多的勤勉和智慧，但如果他不自量力，轻率地向比他占优势的人挑战（或者不幸卷入比他占优势的人的计划之中），那他就不值得，而且也不会得到别人的怜悯。民间谚语“决不给少不更事的人一个公正的机会”，即代表和证明了这种行为的合理性。少不更事的人，就是过于轻信，不认识他自已和他所挑战的人之间差别的人。他的置身于竞争的局面之中，被视为出于自愿，事实上甚至被认为是蓄意求取的，因此如果他在竞争中失败或毁灭，除了怪自己外，不能咎怪任何别人。根据美国人的看法，攻击一个比自己弱的人，在道德上是不正当的；但如果弱者先行动手，或被激怒而先动手，那么强者就可心安理得地全力反击。在美国人的幻想中，弱者对于强者是否起而挑战，常有选择的余地，他们凭着这种幻想，才把公道的理想与不平等的事实这两点调和起来。

这种情形，也许可以帮助说明美国企业界比较显著的哑谜之一。在个人，成功是一件非常要紧的事，他为了获得、维持和扩大成功，往往工作到死，或者神经错乱而发疯，但是失败，尤其是突然的和戏剧性的失败——倾家荡产——却不会发生同类程度的祸难。一场完全的挫折，不一定、而且往往一般并不破坏全部的自信心理。在 1929 至 1932 年的经济大萧条时期内，有过许多骇人听闻的自杀事件；但戏剧性的是，却有更多的同样倾家荡产的人，再度赤手空拳重新建立起他们的财富，利用他们已死的自我，作为踏上新事业的阶石。逐渐迟缓的衰落，在一般心理层面而言，比全盘失败的打击还要严重。因为逐渐迟缓的衰落，表示持续增加的无能，而祸难则是一种与自我无关的“厄运”；它差不多被视为像保险单上所称的“神明所使”。一个人对于他的成功，完全是由自己负责；而他的失败，则归因于别人的作为。

近于势均力敌的人（或被认为势均力敌的人）之间的竞争，由国家以法律加以管制；实际上政府的主要职务，在许多人看来也是唯一基本的职务，即为这种对竞争的管制。从任何观点来看，这种管制并不被认为是道德的命令，并不被纳入本性之内；它们毋宁被视为应该敬而待之的限制和阻碍。遇到一个机敏的人，也许可以为自己的利益加以利用，有时还可借以出人头地。如在许可的范围以内与运动相比，则近似角抵过于拳赛。还有一个更适合的类比，那就是打扑克，在这种牌局中，每一个人各自为战，使用他的全部机智，使所有其他人相形见绌，成功即归于把技巧、欺吓、运气和本钱并合运用得最好的人。扑克之成为美国企业界最欢喜的牌戏（美国工人似乎比较偏爱运气占主要、技巧占次要的玩意，如掷骰子等），以及由扑克戏中引申出许多典型行为的比喻，实在是不足异的。美国企业家在处理企业之时，其情绪方面的兴高采烈，也与他们进行闯关游戏时相像。在许多企业活动中，都带有一种运动竞赛的成分。

扑克中的虚声恫吓，是局中其他玩牌的人应该预料和应该准备的欺诈形式，从这一个譬喻上，可以得到了解商业上典型道德的一个重要线索。女性化良心的严命和禁戒，在所有其他活动领域内都占支配的地位，独在企业中不发生什么作用。任何人如能违犯规则，尤其是违犯政府的规则，而“安然无事”，不被发觉或惩罚，则不单不被谴责，反成为受人敬慕的对象。甚至就是受这种违法之害的牺牲者，对此种狡猾的行为，也不至抱深刻的或久远的憎恨之心。是否成功这一实用的标准，常常是最后的辩护。

因为成功是如此的重要，因此守法的多数人，常有受智巧的或不择手段的少数人的推迫，一步步采取不正当手段的趋势。一个人如果为了自心所安而拒绝采取流行的趋向，因而陷于失败，这种失败，是很少受人同情，更不会得人支持的。有道德的人尽可利用一切努力，加强规则，使之变得更为紧密；但一个因为别人比他更为灵巧而哭哭啼啼的人，大家都会认为他全无是处。企业的竞争，是受暂时性的规则，而非受永久性的道德原则所管制的。

商业竞争的一般情形，虽与扑克牌局中的人各自为战相似，但也可用合伙或联合的方式予以变动。一是两个或两个以上的竞争者专门为此而暂时把他们的资产并在一起，把另一个对手逐出行业以外。他们自己之间的竞争，暂时停顿，直至把那个不速之客驱出为止。等到敌人已被驱除，再重新恢复他们之间暂时平息的竞争。还有一种合伙的方式，就是由各人把他们不同的和互为补充的才能并合起来，以谋相互的利益，例如一个人贡献专利特许品，一个人贡献资本。合伙从来没有被人设想为像网球或桥牌局中那种暂时性的合作。合伙应该是有作用的合作。

美国生产界及企业界的一般规则，是由近于相等地位的个人之间互相竞争，这种图像只是指幻想中的过去的情形，而不是现在局面的真实景像，到了现代差不多每一种主要的工业，莫不受少数大公司的控制。但此处又是理想的幻像，比经客观观察的现实，有更强大的影响现有行为的力量。这种认近乎相等地位者间的自由竞争将产生更多、更廉价、更好的货色的图像，也许可供半垄断性质的大企业的宣传人员不顾是非大肆雌黄，以便他们在追求利润时，抵制外来的额外的干涉；但他们的听众确也有多数，包括大多数的立法人员，真心诚意地相信他们所说的一套。美国已经在一个极短的时期内，达到了无与伦比的实力、财富和生产力；在完成这种实力、财富和生产力时，同时进行几乎完全没有管制的竞争，因此就有人据以立论并相信：几乎无管制的竞争，乃是再度增加实力、财富和生产力的必要条件。

在事物的世界内，也就是美国男性占优势的世界内，其间唯一重要的人类关系，即为劳资之间的关系和竞争者与对手间的关系。此外还有第三种，即生产者与消费者之间的关系，这种关系远不如前两种关系结构分明，但在可以概念化的范围以内，公众往往是列入东西与原料一类，而不属于人类一类的。

请继续与开矿类比，购买力是从公众方面抽提出来的，正好像银子是从地底矿苗中抽提出来的。为有效地达到目的，企业家利用越来越精密的市场研究技术，把消费的公众加以检验分析。一旦把可能的收益确定，则用任何向公众谄谀、媚惑或欺骗的方法都属正当合法。广告的工夫，尤以无线电广播最为显著，表现出广告商和他们的雇主一贯地和深刻地藐侮公众。在广告文件及商业播音的歪曲镜鉴中，使公众不由得自嫌幼稚孩气，受私欲、贪婪、恐惧的驱使，没有判断或智慧的求新心理。就生产者而言，消费者始终不是与他对等或近于对等的人；愚弄公众，凌侮消费者，是无需引以为耻的行为，甚至还是一个可以夸口的题材。巴纳姆（美国著名兽苑经理人——译者）对于愚弄公众曾经夸口说："不更事的愚人可以车载斗量。"而巴纳姆也许将要成为民间的英雄了。

[第七章]

成功和金元

每一个思想正当的美国人，他的生命的目的，就是成功，“做得好”，实际上这也就几乎是证明生命存在价值的唯一标准。所谓做得好，其最好和最具体的方式，便是制造出好的东西，而且能源源不绝地制造；成功的企业家、制造商和工程师之所以具有高伟的声望并得人敬爱，原因亦在于此。但是东西并不是人人都能造出来的，而做得好却是每一个人都应该做到的。在没有东西作为成果之时，怎么能决定一个人是否确实成功呢？

美国复杂的社会内，本身包括数量庞大、各自不同的行业，加以没有公认的等级秩然的社会价值，这一疑问很可成为一个极大的问题。如与欧洲的情形比起来，在美国，各不同行业本身的声望，彼此之间并没有大的差别。有许多的行业，尤其与这些行业之在欧洲受人尊崇的情形比较起来，在社会上的声望反而比较低微，例如政治家、公务员、职业军人、男教师（教师在本质上多少是属于女性的行业），但是这种高下之分，并不是根据什么绝对的标准，而是因为这种行业被认为比较安全省力，无需多大的创造才能，带有居高临下的权势嫌疑。如果其他一切条件相等，干净的工作优于脏污的工作，白领口的工作优于卷袖口的工作。但怎样使其他条件相等呢？随着大多数工作与工作者在感情上的越来越缺乏联系，只有一个最低的共同指标，可用以比较不同的行业，和比较大不相同的行业之间的成功，即所具有的社会价值；而在一个结构不大分明的商业社会之中，则只能有一种衡量的方式：用金元来衡量。

就一方面而言，金元可以说是成人的分数和等级，儿童由分数和等级而表示出同辈之间的比较地位。一个成人的收入，表示出他和他同辈人之间的比较等级；一个人如有比较好的收入，正好比小学生成绩报告单上的各项功课，全都得到甲等，同样可以适当地骄傲自负。它是个人曾经全力以赴、获有成功的最直观的外在表现。

应注意的是，收入的判断不是根据绝对的，而是根据相对的标准。等级高下是指各年级段相对而言的，在一年级各项功课均获得甲等，与在十二年级全部获得甲等，同样值得赞赏；不过并不能说一年级功课的难度与十二年级功课的难度完全相等；同样道理，年轻的医生和打字员，其收入多寡不应与小洛克菲勒（石油大王——译者）或杜克（烟商）或任何美国今日收入最多的人做比较，而应该和同时开业的医生或同时进公司任职的打字员做比较。竞争主要仍为地位近乎相等者之间的竞争。

与学校生活的类比还可推广。正好像在学校中一样，学童成功通过一年的功课考核，他就有资格进入下一学年，参加难度更高的竞争，如此一级级地读上去。同样，成年人在一个领域内的成功，使他有资格参加另一“收入级”或其他职业群中的竞争。成功总是相对的，从来不是绝对的。在美国人的生活中，实际上没有这样一种被一般人公认的最高位置——到了这种位置，一个人就算已经达到最后的成功，无须作再度的努力。每一个等级之上一定还有一个更高的等级。

在儿童及青少年时期，如在校内获得良好的成绩，即可获得家长、尤其是母亲的抚爱和赞美，作为奖酬；结果良好的成绩，很快就成为获得人爱之望的象征。金元在成人生活之中，似乎也具有类似的功能，它表示出一个人是值得爱而且应该被人爱的。正好像大多数美国人之永不满足地寻求个人方面友谊与抚爱的表示，他们中许多人似乎永不满足地追求金元，因为金元也等于是可以兑现他人抚爱的期票。在许多成功卓著的名人的传记之中，经常可以看到一个主题，即严峻的教养或困苦的幼年生活，使他们很早就追求成功。

成人生活中彼此之间的等级名次，有一个重要的修正条件，是不容易在学校中见到的，即在估量现在的成就时，过去的情形是一个重要的考虑因素。如果两个人的收入与地位相等，则其中在发迹之时凭借父母提供的财富、教育和机会较少的人，通常可以获得更多的尊敬。

就美国人而言，至少就其中三分之二并非“衣食住都感不足”的人而言，金元的这种“品定等级”的功用，至少和金元所可能具有的任何用途有同样的重要性。自然在取得基本生活必需品（关于什么叫基本生活必需品的解释，是有各色各样的）时，金元代表的购买力是重要的，但一待必需品取得以后，金元的社会价值就至少可以和它的购买力等量齐观。

金元的这种双重的象征价值，继使美国人对于金钱的态度，使欧洲人看起来变得莫明其妙。简单地说，美国人谈到钱的时候远比欧洲人多，同时却不如欧洲人那般珍视金钱。收入与价格，具有评定人物与货物彼此间名次等第的社会重要性；当你遇到一个陌生人，除非你知道了他收入的等级，他也知道了你的，否则你们之间的关系总是不圆满和不完全的；而评估一件新货品的价值，和决定它与其他商品区别的最简便的方法，就是知道它的成本。因此之故，钱和价格在美国人的著作和谈话中，占有重大的和一贯的地位；一个人的收入等级或一件商品的成本，是一则必要而有用的社会新闻；把这种素材通告一个大概茫无所知的陌生人，是一种表示亲热的行为。

不过如果因为美国人口里常常讲钱，由此事实便引申说，美国人对于钱本身的所有权，也有同样程度的重视，那就大错特错了。真正的情形也许相反。比起大多数欧洲人来，美国人对于钱的所有权，尤其对于存钱一层，是看得极低的。你的收入，决定你与同辈人间的相对地位，但一待地位决定，钱就已完成了它的主要任务，在感情上已无再加以积存的理由了。储蓄一事，除了目标在于再行投资用以增加你未来的收入外，是不受人赞美的；一个谨慎的人，为了无法预测的疾病或不幸，自将先有准备，但为储蓄而储蓄，在今日已不再被认为一种值得赞美的行为，这和从前的态度已有了显著的改变。这与认为储蓄具有、或曾经有过一种自然价值的民族的态度，如苏格兰人或法国人，是大不相同的。

一个收入超过必要支出的美国人，其财务上照意想应该担负些什么义务，这几乎是被规定好的；他必须投保足够的寿险，比如若遇到他突然逝世，可以保证他的妻室儿女不至有饥寒之苦；他应该或者用保险或者用储蓄的方法，尽可能地供给他儿女以良好的教育，最好能胜过他自己所受的教育；他不应该让他的父母或他的配偶，受到贫穷的痛苦；他可以购买一种以备退休后用的年金。除此外便没有什么别的了。一个美国人，无论他有多少家产，无人会向他要求或希望他把大部分的家产传给儿女；只要他已经尽其所能，把种种便利给了儿女，把他们扶养长成，他对他们就算已尽完全的责任。实际上在若干方面看来，由祖先手上得来的遗产，还被视为一种障碍，因为一个人在发迹时如凭借了遗产，那么他也必须相应有更大的成就，才能被人们认为做得足够好，才能算成功。除了在纽约及其附带的游憩胜地为一部分例外，在美国人的生活中，并无让游手好闲、凭了遗产而不事生业的青年立足的地方。在战争以前，往往有少数人移往欧洲，因为在欧洲仍有一个居于城市的有闲阶级；但这只是例外的情形，普通的惯例，无论过去或现在，即使是百万富翁或亿万富翁的儿子，也要就业（最好是与他父亲无关的事业，以避免偏私或占便宜之嫌），自己赚钱，在生活的竞争中证明自己自身的价值。

作为一般的规则而言，我们可以说美国人对于取得钱这件事，是极为重视的，但对钱的积存就视为比较次要。一个人所赚进的每一块额外的钱，都可以证明他的价值，因此如在商业中，一个人价讲得越精明，他就越受人的尊敬，因而也就越受人爱慕。

但钱一旦到手，它就失去了许多感情上的价值；一个人可以把它花掉、送掉或甚至丢在水里，而心理上并不产生多大关切或怜惜。只有用在另外的其他事务之上时，钱才再变得重要，因为那时钱又成为评判一个人精明、机敏和成功的标准了。

这种态度差不多是形成美国人赌博的一个重要因素。美国人赌博与欧洲人赌博的不同，倒不在于普及的程度（在大多数欧洲国家内，小赌徒所占的比例也许反而较美国大些），而在于赌博性质的强度。也许就因为美国人比较不重视钱的积存，使差不多所有不同收入水准的美国人，都赌起钱来，而且比起大多数欧洲人，更为不惜孤注一掷。美国人对于胆小的赌徒素有一个恶词“小派儿”，这个词在任何西欧文字中都找不出对等的词来。在“求消遣”的赌博中，大多数美国人勇于冒险的程度，远超过大多数的欧洲人。用钱作为赌注来决定自己“是否走运”，与作别样的用途同样正当。

在许多商业冒险中，赌博也是一个受尊视和重要的部分。一个人经济地位的显著改进，一般都归因于勤勉、技能、赌博三者幸运的并合，不过一个赌博成功的人，一般喜欢把他的打赌称为“先见”。美国的商人也像“求消遣”的赌博者一样，比起与他们对等的欧洲商人来，一般准备接受更大程度的风险。

除了赌博以外，世上很少有人像美国人那样，对于自己钱的用途不怎么感关切的，条件是用途中不包含交易业务；世上也没有其他民族，比美国人还要满不在乎地花钱的。

美国人的慷慨与好客，是很有名的。没有其他国家像美国那样，国内多数的公民可以几乎不管成本，决定作轻易和免费的施舍。1940 年夏季英国计划把受威胁区域内大量的英国儿童疏散到美国去时，美国各地各种收入水准的家庭纷起响应，数量之多，令人惊讶；他们从来不曾看见过这些受威胁的儿童，除了知道儿童在受威胁外，并无其他的见闻，然而他们见义勇为，愿意接受扶养这些儿童的责任，并且照当时的局势，似乎将毕生投身于此似的。又如 1923 年东京因大地震而一部分归于灰烬，其后的重建大部分全靠几百万美国人的捐款，而捐款的美国人中，绝大多数和日本人从来没有过一面之缘。这是显著的例证，但如要举引起来还多得是。美国人为了任何被认为有价值的目标，都愿意以极大的慷慨精神，踊跃捐款，而且不仅是从他们储蓄有余的部分中捐出来；在许多的例证中，这类的捐赠是以个人蒙受重大牺牲为代价的。

这种伟大的和甘心自愿的慷慨，受一种恐惧心的限制，即深恐一个人被他人利用，"被当成戆大"。要求别人慈悲周济的人，也许并非力有未逮，而实在是自己不中用，只是希望利用别人辛苦得来的汗血钱，过怠惰的生活，而拒绝像别人一样付出努力和经受苦难。

这种疑心是很普遍的，特别是在男子之间，在女子之间似乎没有这样显著的发展。这种恐惧心为什么普及的理由，我实在看不出来；我愿意作假设性的解释，它也许和前面讨论过的深入美国人脑海的深恐落入被动、深恐受人利用的心理有关，所不同者在前面的讨论中，是深恐身体方面受人利用，而在此地则深恐在金钱上受人利用。在我所熟识的美国朋友中间，凡在财务方面最容易发生这种疑心的人，也明显表现出具有这种不自觉的恐惧心理；而在这一类方面（如称美国在性的方面正在被人利用等）所常用的例子，也实如上述的解释。

在没有引起这种怀疑心时，美国人是肯任意花钱而不后悔的，美国人的好客厚谊是不由自主的，而相当自负的。在家人通常就在厨房，或就在厨房外面一角吃饭的家庭之内——也就是绝大多数的家庭之内——陌生人会受到热烈的欢迎，主人不会炫耀，也不会对自家的物质条件感到羞耻。在有专门餐室的阶级内，比较容易看到虚饰以及为争取社会较优地位而作的安排；等达到和表明某种经济地位以后，也许将采用其他可以表现出个人成功程度的方法：例如世系、信仰，以及本人或祖先住在本城本州本国的年数，在经济地位确立后，都可被用来作为为成功而奋斗的基点。

一个人金钱收入的主要情绪价值，在于它是证明一个人比较成功的符号：为体现出一个人的收入，在理论上说一张保付的支票就足够了，但实际上却必须靠众目昭彰的支出，才能表明一个人已有良好成就的事实。因之一个人有什么东西，都变得具有双重的重要性，一是东西本身的实用性或美观程度，另一是它明确表示出其主人或购买者在生活竞争中所占比较地位。一部新汽车之所以讨喜和令人艳羡，并不仅仅因为它是“更好”的（“新”与“更好”的为同一的意义，很少美国人对比加以疑问），而且也因为它是一种内在与精神之美形之于外的、可以看见的记号；凡能够保有或取得一辆新汽车的人，不啻向世界宣告他已获得了良好的成就——而良好成就是兼具道德上和物质上的双重重要性的。

最明显的显示竞争性支出的，其模式归纳在一句流行的、几乎格言式的谚语里：不要落在琼斯一辈人的后头。这句谚语的一个重要含义，就是说竞争是可以加以限制的。琼斯只是一个普通的名字，没有加以地域、社会地位、场所、种族的解释（移民局的官员常常替姓名拼不出来的新来移民，加上盎格鲁·萨克逊式的姓名；所以如果认为美国人中名叫琼斯的就是威尔士人的后裔，就略嫌轻率了）；他们是人人必须跟着同进的人，在一个假定的例证中，只有通过调查才能表明出他们是些什么人。

一般而言，我们可以说在较小的即居民数量在五万以上的小城，以及在郊区中，“琼斯”通常指个人的邻里，在较大的城市中，则指从事同样职业和占有同样地位的人。每一个家庭都有它的“琼斯”，每一家庭本身又是别的家庭的“琼斯”。正好像在自己儿女儿童时期的玩伴群中，玩伴的家长，成为难于不遵守仿行的标准一样，同样在比较明显的支出范围之内，琼斯的影响不仅限于一个人将花费多少，而且也将决定花钱做些什么。

在收入和社会期望水准不同的人士中间，几乎都存在这种的情形。在生活条件最差的阶层中，选择的机会显然是存在诸多限制的；而在巨富或祖上是巨富的人中间，支出的形态则主要依据癖好的形式。在这两个极端之间，任何一地内任何收入阶层的正常支出，都是有非常严密和精确的规定的。

在任何城市内，任何一条街上的任何一所房子，其价钱和社会价值（两者可能不是完全相符的），是大多数居民都非常清楚的，而这种资料也是很容易被传达给任何陌生人的。结果，这一带邻里以及个人所居的这所房子，就成为表明他收入的一种直观的明白的符号；而在大多数的例证中和在正常的环境下，一个人的住宅选在什么地方，其受收入所指示的成分，远过于受趣味的指示。除了巨富或祖上是巨富的人（以及一部分例外的不落窠臼的知识分子和艺术家）之外，一个人住在什么地方，是很重要的：住处是表示个人当时经济和社会地位的一个符号，而不在于住处本身所包含的舒服适意，或与之有关的一切，至少这不是首先考虑的条件。多数的美国人，至少在快到退休年龄以前，莫不认为他们现在所住的房子或公寓，只是暂时寄居的性质，准备移往较大较好的住宅，也就是与他们希望中的未来的成功相配的住宅。大多数城市美国人都是过客性质，在目前房荒以前，一个人在一所房子内连住五年以上，乃是很少见的事。这种流动性，说明了美国人对于“家”一事所予的特有的重要性；所谓“家”，乃是兼指一个人愿意在那里居住的地方，以及他现在所住的地方；这个字常用以指一个邻里关系较好的住处。一个人可以把一个邻里称为包括许多“可爱之家”的地方，虽然他从来不曾住过这种被赞美的家。

其他许多竞争性支出，一大部分是受住处所支配的。如果寓中有一间放两部车的汽车间，很少美国人敢不作慎重的说明和辩护而仅备一部车。正常的美国家庭（与公寓的情形相反），差不多一切都是公开供外界考查的；房子和公路之间，没有围篱、墙壁或门户加以隔离；在白天，即使外面并无强光，房子里的窗帘也总是半下的，但到晚上窗帘总是挂起一半，所以燃光最明亮的房间内大部分家具装设的详细情形，站在路上历历可见。附带说一下，窗帘的这种适当的安排，几乎带有一种偶象崇拜的重要性，过去曾有过这样的纪录，有些因过度喜欢阳光而把窗帘高高卷起的人，曾被人要求退租，因为他们把窗帘卷起，使整个邻里都为之减色。即使公寓方面，也有类似的情形；有一个曾经辗转传述的故事，住在十三号 B 房间的客人，跑到二号 B 房间去，告诉住在那里的女客，说她房间里的陈设摆错了。

不单家具以及家庭用品的费用，就是它们的式样，也是受琼斯们支配的。照普遍一致的见解，装饰业是专属于女性的行业，而美国妇女对于优美的趣味是抱极认真的态度的；她们出席倾听关于这个题目的演讲，阅读杂志上有关的文章（有许多妇女杂志销量都在几百万份以上）；在较为富裕的阶层中，一个妇女的趣味，几乎可以补充她丈夫的收入能力，同样成为表明他们在社会上比较成功的一种标识。这种标准，不消说受到制造商和广告商的帮助和加强。这将带来两重的结果：一是任何收入水准的几乎所有美国家庭，在房屋家具布置方面，总体说来有非常之高的标准，另一是在同一收入水准的家庭之内，家庭的布置同样有非常显著的一致性。在美国很少遇到室内挤塞、全不讲究趣味格调的情形，就像在欧洲许多家庭内见到的那样；

但在美国，如要遇到一个家庭，其内部装饰具有与众不同的特色个性，可以使人回味不忘的，几乎也是同样的绝无仅有。一所房子的装饰，意义在于“表达妇女的品格”；但是这种个人的表现，常常受到限制，限于比较小的变动，如颜色的配置，较小饰具的选择，至于任何重大的变动，或者由拒绝公认的标准，而成为对琼斯们的侮辱，或者成为向对手的挑战，在后一种情形之下，革新的人本身就成为琼斯，而他的对手一待力所能及，反要尝试跟进以至迎头赶上了。

在自己创造其地位的人中间，凡最摩登的东西也就是最合意的东西，虽则一个妇女可以由收集小件古董来表达她的品格；但在社会或经济阶层的最高级人士中，这种价值却刚好倒转过来，凡是愈不摩登、愈不节省劳力的家具和家庭用品，愈受人的尊重。因为有训练的家庭佣仆人数既寡，工资又高（除了南部黑人外），所以一个人若无须倚赖节省劳力的用具，也就是表扬其收入和成功的最动人的方法之一。而且遇到收入比较高或近乎相等之时，还可援引祖先世系作为评定高下的标准；凡家里的家具可以推归于祖父母或祖姑母的，比较起先世较逊或出生于美国的先人世代较短的人，享有永久的受人尊敬的权利。在这一方面值得注意的是，一般人认为关于家世的兴趣，也像对装饰或花草的兴趣一样，主要是属于女性的，不值得一个正常的男子去过问，对男子只应该就他的成就而加以评断。

装饰如此，衣着及个人的妆扮亦有同样的情形。由一个太太所穿的皮大衣，就可以看出丈夫的地位。美国大量生产的方法，应用在衣服方面亦如应用在较永久性的商品方面，有同样的成功；所有妇女，除了社会等级的最高和最低层外，凡不能衣着随时尚者，都会被认为在降低周围邻里的身份地位。由衣服制造的店铺，所用的材料，以及无数更为微妙的款式，就足够使别的女人看得出衣服的主人属于哪一等支出水准的人；但时行的式样，是许多收入水准的阶层都能仿效的，只有最穷苦的和最富裕的人才可以安然无碍地置之不理。

一个人的面孔和身段应该尽可能力求和琼斯相近。在这些方面个人的差别自然势所不免，但应该尽可能减至最低限度。膳食、运动、按摩、腰带和其他“紧身衣服”、假乳，可以改变身段的不够美观的线条；电烫卷发（或有就黑人说，把头发烫直），可以改变发型的差别；化妆品、手油、指甲油造成皮肤的相似，止臭剂和香粉，促成任何个人的呼吸的一致。此处所必要的商品，也是差不多每一收入水准的人都能买得起的。所有这些必需的成分和用品，都是可以在五分一角商店内买到的（而且依照消费者联盟杂志，往往还是最好的货色）；看看《纽约客》或像《时尚哈勃展览》一类豪华杂志的广告栏，就可以知道为购买同样的商品和用具可以付出多少的巨款。有某一种牌子的香水，其所提出的为什么每人都应该购买的唯一理由，就是“它是世界上最昂贵的香水”。

这种身体方面趋于一致的要求，直至最近 15 年止，对女子的要求过于男子，但今天对男子美容一事，却有日益注重之象。西装肩架上填料，以及皮鞋底里垫高，可以修正自然的若干差别。

而男性化妆品（被小心命名为“卫生用品”），现在是一种庞大而继续扩张中的产业。

甚至儿童，也可加以改造使之近于适当的模型。女孩子4岁便第一次电烫头发，是当见的事，甚至偶尔也可以看见更小的便染了指甲的孩子。后面一种装饰，也许是装作成人的性质居多，并非认真的打扮，但其他各种美容方法，都是一本正经地进行的。

因为美国社会结构的相对一致，因为成功的解释不根据绝对的、而是相对的条件，所以一个人所有的或所负责的一切东西，都具有表明他地位的重要性。又因为关于价值、健康或美丽，都很少有绝对的标准，因之最可能引起邻里和对手艳羡和赞许（这也就是生活的目标）的方法，即是尽可能照他们所接受的标准，依葫芦画瓢，越近似越好，而且还要青出于蓝，还要设法变得更大一点，更好一点。

[第八章]

出人头地

美国人有一个与其他世界不同的信仰，相信民族国家的成立，是出于意志的一种行为，而非机会或命运的结果。前面引述过巴顿将军的命令，他把他部下们的祖先，“如何的珍爱自由，为了追求自由，不惜舍家离国，远涉重洋”，与敌人的祖先，“缺乏作此种牺牲的勇气，和继续过着奴隶的生活”，互作比较，以令人赞赏的简单明了，提出了这一点。巴顿将军的见解，也许也就是他听众中绝大多数人和他同国藉的人的见解，认为德国人、意大利人之所以为德国人、意大利人而不是美国人，乃是表示他们（或他们祖先）的意志薄弱或顽梗不化；他们由于选择不做美国人，而自动放弃了凡人所知的最好的条件，以及其一切附带的利益；他们已经个别地表示出他们藐视和拒绝自由机会与民主，以及所有包含在美国宪法本身之中和美国生活方式中示范的公民品德；他们由于缺乏奋斗精神，自甘居于下流，因此对他们也相应视为卑下的人。

这种见解现在仍受一般人的信守。虽然最近25年来，美国已经通过种种法律，把移民入境的洪潮缩减成为涓涓的细流，凡本人与移民一事无切身关涉的美国人，很少人了解这种移民入境的限额是如何的严竣；因为国内说话带外国口音者、看外国报章杂志的人数，仍极为众多，尤其是在大城市中，于是造成了这个国家可以自己选择的图像。著名的或声名狼藉的作家、科学家、电影明星等等，如经取得美国国籍，即成为一再登载的新闻资料。

此外每年春季全国举行的“我是美国人日”的盛会，使这种图像更为逼真。会中所发表的演说，通常都经广播，说明美国精神的重要性，并欢迎新近加人的公民。不过“我是一个美国人”的誓言，其意思并不限于那些第一次获得作此誓言权利的人，在理论上每一个有作此誓言权利的人，都应该热烈而感激地重复提出。在绝大多数的学校儿童中，这种誓言是分别亲自立誓的；在学校的重要公民课程中，已经把应该深镌于个人心灵脑海中的各种概念，那种自负的心态以及如何向国旗敬礼等日常节日的含义，传授儿童，这种宣誓典礼日就是传授公民概念的登峰造极的表现。

这种立誓与庆祝，因为强调注重个人的意志和个人选择的行为，所以与若干其他民族的立誓庆说在本质上有所不同。与此最相近似的庆典，也许就是日本人的庆祝神武天皇节，但日本人对于做他们社会一分子的利益，虽然也像美国人一样的能言善辩，但他们认为一个人之属于他们的社会，是忠于神意的决定，直至战败以前，在日本人看来，别人的属于比他们为卑劣的社会，是别人的不幸，而不是出于自己的过失。而在美国人看来，这种不幸就是自己的过失。

在这一种态度发展背后的历史理由，是很容易理解的。美国独特的地方，就是组成它公民（除了黑人为著名的例外外）

的各分子，或直接，或经过他们的祖先，确曾作过这种个人的选择；而且绝大多数的人在作选择之时，不仅抛弃了原有恶劣的物质与社会条件，并且也放弃了使她们生活变得可爱和有意义的一切。美国从来没有特别热烈欢迎过不会说英文或说英文得不好，没有头衔、名声或极宝贵技术的外国人；外来的移民很少能完全不发生怀疑，怀疑自己的选择是否划算，也很少人会不油然生出思乡之感，想起他们的家人和抛弃了的较为熟习的生活方式。有数量可观的移民回去了，但留而不走的一定仍抱有怀疑和思乡的念头。若有任何公开的不满或批评，别人就会以粗暴之词反唇相讥："如果你不喜欢这里，你为什么不回到你来的地方？"而且往往自己说话还夹外国口音的人，骂起人来更为恶毒；这原因是因为这种不满的发言，激化了他们潜在心头的怀疑和不舒服，而且有使移民的生活、他们的一切努力和牺牲失其意义的趋势。为补偿和摧毁这种犹疑不定的心理，对于积极的证言，必须尽可能地大声疾呼；在任何特殊方面，都不能承认他们所放弃的可以与他们已经接受的相媲美甚或还要优出；对美国生活中的一切，不单是它明显的优点，而且是所有一切，都应大声疾呼宣布比所舍弃的高明。

参照50年或100年前美国的报纸，很容易发现这种情形，以后跟着第一代移民人数的减少，这种尖声喊叫的情形，大部分归于缄默。但并未完全灭迹，而且应重视的是，在外国人最集中的区域，喧声也最哗；纽约与芝加哥之有数量庞大的外国人口，很可藉以说明《芝加哥论坛报》与《纽约日报》的孤立色彩的极端爱国思想与广大的销路。

这种尖声喊叫虽然大部分已归缄默，但认美国生活的各方面无一不较欧洲生活为优越的公开议论，一般很容易为土生土长的美国人所接受，他们中绝大多数人过去并无机会，也并不希望把真正的情形，作实事求是的比较。而且，所有住在或甚至仅仅访问过城市的人都可以看出，那些最新近由欧洲移民来的人的生活，在所有明白可见的方面，比起大多数他们的东道主的生活来，实在要相形见绌。

在整个移民的历史上，曾经有过一个始终如一的和可以了解的趋势，即新来的移民尽可能地贴近以前同国籍的国人，择地定居。他们身处异地，只有从以前国籍相同的人方面可以指望取得帮助和指导，和谋生方面的协助。在一个陌生的外国人的世界中，他们只有在那里能够吃到惯常吃的食物，听到惯常听的歌声，获得若干情感上的温暖。等到个人自求进步的努力得到成功结果时，他们就倾向于离开这些外国人聚居的区域，尽可能小心谨慎地和多数人杂居在一起；而等到他们的子女变成地道的美国人以后，大多数人对于凡足以使人联想起他们父母不完全美国化的一切，便要激昂慷慨地加以反对了。

贫苦移民之居于最恶劣的贫民窟中，他们的贫穷迫使他们生活于极不卫生和极端拥塞的状态之下，原是极为自然的。一般说来，就纳税人和选民的身份而言，他们是无重要地位的，这意思就是说他们仅能享受最恶劣和最少的市政公共事物。大多数美国城市的意籍人区、波兰人区，希腊、犹太、立陶宛、塞尔维亚、乌克兰和爱尔兰人区，都是城市中的污点，除了偶然的“观光”之外，任何参观的人，即使他们所住的地方比此仅仅略胜一筹，也不由不心里充满憎恶与嫌忌之感。土生土长的美国人的后代，即根据此种可怕的贫民窟的情形，形成他们对于欧洲的图像；而刚从这种环境中逃脱出来的人，其所抱的憎恶与嫌忌之感，也许比任何人都更厉害。此处也许可以注意一点，原籍为英国或苏格兰的移民，他们在语言上并无困难，无须倚赖他们同国人的援助，加之他们同属新教徒，无须另外找一个他们必须用自己语言文字诉达的宗教的忏悔者或精神的指导，所以他们往往立即几乎无法辨认地散布在美国社会之中；另一方面原籍为德国或北欧的移民，他们带来了他们整洁的习惯，公民的秩序和一个较高的物质便利的标准，使他们与由南欧、东欧和亚洲而来的移民迥然有别。

这种移民群的存在——在许多例证中他们是百分之百地道美国人的亲属——是所谓“美国精神”的定义中一个主要的决定因素。他们显然不是美国人，但他们或者至少他们的子女正在变成美国人；因此美国精神的定义，大体上是根据这种贫民窟中的外国居民，以及他们子女可能的成就，即一个成功的美国人的面目，两者之间表现于外和可以看得见的差别来说明的。

贫民窟，也就是实在的背景，具有极大的情绪上的重要性。它们在实际上，以及在女教师的教授和信条中，都是使感官不快和危及健康的。因此合适的水管、合用的卫生设备、洁白的浴室、光亮洁净的厨房、各式各样节省劳力的用具，不单本身是可喜的，而且也是更为完全的美国精神的表现，也是接受本国标准的表示，而这个国家，是人人或由他们自己，或由他们祖先所决定加入的。这种关于卫生及舒适生活的附带品，具有非常大的象征的和爱国主义的价值，以至于使居于外国的美国人，颇有拿这种设备条件之多寡有无，来衡量外国社会值得尊敬程度的趋向。一个国家具有这种设备越多，也就越可敬慕，因为它越趋近美国的理想。这个标准，也是使上次世界大战中开赴欧洲的大部分美国人发生不安纷扰心理的原因，因为根据这个标准，至少有一个敌国德国，比任何盟国都要来得“美国化”；而若干盟国的水管装置，比起他们有过任何个人经验的最恶劣的贫民窟情形，还要不如。

这种设备工具的分布，在美国虽然远较在任何欧洲国家为广布，但除了新来移民区以及黑人贫民窟外，仍有相当大的地域，并无经常的热水供应、完善的水管装置或其他的家庭用具；但因为所谓美国精神，不单指目前的现状，尤其是指可能变成的状态，所以一个年轻的美国士兵，哪怕他自己年轻时，也许是住在仅有冷水、没有电梯的房子里，或者住在需要由井里取水的木房子里，或水管装置限于房间外面的屋子，然而在他来到一个英国的市郊或法国的村落时，仍可能完全出乎真诚地脱口而出，“没有一个美国人肯住在这种房子里的”！不管他所处的真实情形怎样，总之在他的期望中需要一个真正的美国背景。

外表和衣着，是美国精神的另一个最重要标准。语言文字之应该作为一个标准，那是自明之理；鉴于人们认为食物具有半魔术性的重要作用，则膳食之具有作证明的价值，也是不足诧异的。各“老国家”的香料过多和太油腻的食品，换换口味是无妨的，但作为日常的食物，是有害健康的，而且等于未能接受美国人生活中现代化和科学化的原则。但是其中最为重要的标准，无疑当推外表为最。一个人美国化的完全程度，应与他或她同年龄同收入侪辈外表一致,成正比的关系。在群体之中，一个人如果一望而有标众立异之处，这种不同的地方，也就表示了他或她不够美国化的程度；凡因肤色或体格构造而无法与群体混成一片的人，因此也就永远不能被认为是完全道地的美国人，这种外表一致的重要性，不单因为它是对琼斯们亦步亦趋的一种方法，而且亦是真正美国精神的一个基本成分。我们略加一点夸张就可以说，今日一个从不曾染指甲的女人，就不能像她妆容适宜的姊妹们，以同样程度的信心和热诚，宣布“我是一个美国人”。

至于思想意识，在美国精神中只是一个次要的部分，因为一个人在想什么，比一个人做点什么和一个人的外表如何，重要性要小得多，而且也难于判断得多。拒绝权威一点，虽有其思想意识的成分，但因为已成为根深蒂固的基本信仰，已难于把它列为思想；除此之外，只要同意那种称美国宪法和政府形式（也像水管装置或汽车一样）为世界上最好的说法就够了，褊狭、种族歧视、恐怖主义，都是与美国精神全不冲突的；这类行为，是受大多数美国人极端慨叹的，并且受到激烈的反对，这类行为的出现，侵害了他们正义与平等的理想；但是三K党、白山茶花武士团，以及盛行于美国境内许多反黑人、反犹太、反天主教组织的团员，并不自觉有悖于美国精神，而且除了在狭义的道德意义外，其他的美国人亦没有如此的观感。实际上，这类组织的辩护和宪章，几乎毫无例外都是竭力保护美国精神，防止受阴谋和外国人士和势力的腐蚀，这一点是很发人深省的。

完全美国精神的造诣，主要是用眼睛，其次才用耳朵来评断的。要能理解美国国内少数民族的地位，只有记牢美国精神的标准，是外表、衣着、食物、家庭用具、思想意识和语言文字，各标准的重要性依次递减，另外只有完全地道的美国人才能算是完全地道的人类；我们应该记得，美国精神为一种意志的行为，未能完成完全美国化的，与其说是生不逢时，不如说是个人的过失。

美国黑人的问题，是美国精神这一概念的决定性的试验。根据在国内家庭居住的年数、语言文字、思想意识等任何标准，美国的黑人比起国内大多数所谓“国人”，更有资格自称合于完全的美国精神；虽然黑人在国内所受到的法律上及公民权利上的限制，在各个地域之间互有出入，但作为一个团体而论，只有最不顾现实的平等主义者，敢说他们已受到平等的待遇。在南部以外，有少数黑人曾经获得赫然声望和受人尊敬的高位，但绝大多数的黑人，从来没有得到过完全人类的地位。若干黑白交配的混血，他们的黑人地位不过纯粹具社会学上的性质，每年设法“过渡”到白人社会之中，因为他们在外表上与其他美国人一般无二，所以得享受全部的同等权利；但是其余在外表上与其他美国人仍有差别的人，则不管他们祖先世系中包括多少白人血统（没有夹杂若干白人血统的黑人，在美国是少见的），所受的教育如何完备，或者如何热烈地信守民主的原则，都是被有系统地一概摒除于美国生活的主流之外的。少数“自由主义者”、知识分子及爵士音乐的信徒之间，虽然有用意甚好出于真诚的社交合作，但一般的判断却简捷了当地认为黑人既然面目不同，自应属殊类。

黑人的性格，因下面的事实而变得乖僻歪曲：他们所生活的世界之内，权力始终带有敌视的性质，虽然是反复无常的；良好的黑人父母，为教育他们的子女能在这样的世界中安然生存起见，必须继续地、但显然是喜怒无常地趋于过激；在美国黑人的教育中，体罚是被大规模使用的，而在白人子弟的教育中，体罚是很少使用的。但即使在这种制度之下，如果附带有一个始终一贯的和完备的思想系统，那么至少在理论上，乖僻的性格仍将有发展变化的可能。但是即使在南方最极端的区域，向黑人讲述的尽是些美国白人的平等思想，因之他们的日常生活中似乎充满了不平，而对于他们的不被允许发表意见，永远感到愤慨万状。这种受压制的愤恨心理，即使并非完全出于自觉时，也具有显而易见的发生破坏作用的可能性；而黑人的愤恨，又使大多数美国白人所感觉到的恐惧心（虽则平常只在南方，这种恐惧心会达到非常的性质），有一合理的解释。促成这种愤恨心的黑人受到的不公待遇，亦得以永久维持。战争期内白人与黑人战斗部队及商船队合并活动的少数经验表现出，至少在青年之间，差不多只要管束的权力对黑人不带敌视的性质，这种仇恨的心理就可以立刻控制；不过就我见闻所及，在包括两性的团体中并没有过这类的试验，而性的方面——白人男子与黑人女子发生关系，但又害怕完成手续——在黑人白人关系中相当普遍。最近最高法院的判决，虽然多少减少了对南部黑人在法律上的限制，但要使大多数白人，不以黑人为其贴邻、或者与黑人住同一旅馆为耻辱，引以为恐，从而无须用法律、或具有法律力量的习惯，来把黑人拒诸千里之外，这个日子还远得很呢。如果美国的社会维持现在的形式，则经过了一个足够长的时期，那些把黑人标明为非美国人的表面特点，也许会归于泯灭；但除非等这一个遥远的事实发生以后，白种人关于道地美国精神和完全人类的标准，将继续歪曲占美国人口十分之一的黑色公民的人格。根据所有这类现有的科学标准，黑人发展的可能性与他们同辈的白色公民，并无不同；但除了极少的例外之外，他们的音乐，是他们得准对美国文化所作的唯一贡献。一个被压迫团体的悽惋嘲弄的歌曲，经过改编以后，成了整个社会快乐和消遣的行景。

其他有色人群（西部与西南部的墨西哥人为一部分的例外）的地位，处于完全被排斥的黑人与完全被接纳的白人两者的中间地位。他们和美国人有外表看得出的不同，在这个范围之内，他们是不得完全参加社会活动的（祖先为日本人或华人的美国人，他们所可以从事的职业是有限制的）；但另一方面他们外表上的差别，不如黑人那样的显著，又因为他们的数量比较少，所以施于他们的主要限制，仅限于租赁或购买房屋和土地方面。邻里既是指明社会地位的非常重要的索引，所以如承认不是完全的美国人亦可住进与完全美国人所住的相同的房屋或公寓，就将使后者的地位大为降低。在若干区域中，有专为非白种人而设立的学校，其他学校是不收他们的。

得克萨斯州内墨西哥人的情形，在若干方面是特殊的，其他邻接各州在相当范围内，亦有类同的情形。得克萨斯州人对于其他美国人那种反专制的平等思想，并不抱任何深切的情感，所以他们对于让一个外国的受征服的人群处于屈从的地位，正像在非洲与亚洲殖民地的欧洲人一样，并无内疚之感。而且墨西哥人自有一种他们的文明、宗教和语言，而不像黑人那样，多少仅是白人的歪曲走样的翻版。得克萨斯州的墨西哥人也受到南方黑人所受的许多限制，他们大部分人都是房屋简陋、衣食不足和收入微薄；但他们是一个被压迫的团体，自有一种发生意义和提供安身立命之所的生活方法和价值制度，而不是生活经验与价值概念发生内心冲突的受压迫的个人。

因为美国人拒绝承认他们拥有一个帝国，所以那些被委婉曲折称为“附属地”或“所有地”的居民,在他们住在美国之时，是处于一种特殊地位的。他们是不被允许变成公民的，虽则就推论的法律方面而言，他们已经具有公民的若干性质了；可以明显辨认的菲律宾人，限于最卑贱的位置。他们人数较墨西哥人为少，分布较广，而他们的难题则和黑人比较相近，因为他们大多数人也是过去受到平等理论的灌输，可是这种理论在他们的实际情形中却是难得实行的。

父母为日本人所生的美国子女，在许多方面，他们面临的现实最为残酷。在19世纪下半叶和20世纪初年——直至法律规定把他们拒诸大门以外止，移往美国、尤其是西海岸的日本人和中国人，其用意和希望与由欧洲来的移民是完全相同的。一部分因为他们出生的国家和他们新加入效忠的国家之间，比起欧洲人来显然有更大的差别，因之他们也比大多数欧洲人，更加彻底地着手把自己的子女教养成为美国人，而且绝大多数获得完全的成功。根据美国精神的任何标准，除了身体容貌以外，这种第二代的日本人与美国人非常不易辨别，他们的衣着、食物、房屋的设备（尽一切可能的情形）、思想以及语言文字，都已完全美国化。但他们的容貌使他们万劫不复；差不多在任何竞争之中，他们总是屈居下风；在任何混杂雇用的行业中，他们就业的机会总是受到限制；仅仅因为他们外表上不像美国人，他们就不得享受充分美国人、因而也就不得享受充分人类的地位。珍珠港事变后几个月内的情形，对这一点有戏剧性的说明，那时日本人世系的公民，所有公民权利全被剥夺，被驱至集中营（重行分配营）中，甚至连公民自由的职业辩护人，也仅作最低限度的抗议。然而大战中对于德国或意大利人的子孙，并没有采取同样的行动；就是因为他们与美国人外表上并无分别，因此他们也被视为充分的美国人和充分的人类。

犹太人的地位更为复杂。美国的犹太人，多数是由东欧——波兰、立陶宛和俄国——移来的，其中许多人具有一种可资辨认的体格形式。不过这种体格形式，与标准的美国人外貌间的差别，并不大过于南部意大利人或希腊人子女间所通见的特色，而且单是这一点，也一定不会引起任何厚此薄彼的歧视、反对或拒绝将充分的美国人地位给予犹太人的后裔。但是犹太人携与俱来的还有与美国标准不同的社会习惯，而且因为这些习惯获有神学上的支持，所以在新社会中，比起其他移民群所挟以俱来的“旧世界”的习惯，能更为坚强地维持下去。按照其与美国人价值观念的关系，其中最为重要的，也许当推关于办备和拼合食物的特殊规则，而且其中有许多正好与美国人的理论和实践相反。坚持这种膳食形式，不啻就是故意挑战美国精神，作蓄意的反对。查看《纽约时报》星期日版和纽约其他报纸上旅馆及休假营所登的广告，其提出的应遵守的“饮食的法则”，数量相当之多，可见这种对与美国不同的习惯的歧视仍在流行。犹太人还在其他许多方面反对美国人的惯例；他们维持按日历举行的，在其内部奉行的禁食与宴节的形式，他们把星期六与星期日的工作休息秩序颠倒过来，同时他们在企业和商业生活中的极端重视亲属的关系。犹太人的禁止异教通婚，在天主教的惯例中也可找到平行的现象，但美国天主教徒其欧洲背景的范围远较美国犹太人为广，因此在犹太人中对占优先地位的自由婚姻，也显然限制较大。严格的饮食法则，使宗教心虔诚的犹太人，不得接纳他们非同教的邻里和同辈的款待；有许多人禁止他们的儿女与校内的同学共食，并坚持维持他们之间的差别。总而言之，在这个最大规模的移民与美国化的时代中，犹太人与其他同辈移民所不同的地方，就现在所可以收得到的记录而言，与其说是由于不同宗教的美国人方面有任何一致的排斥他们的用意，不如说是犹太人自己反对美国人行为的若干重要方面。

犹太移民的这种选择式的对美国标准的接受，是了解在美犹太人现在地位的必要背景。犹太人根据其自身所接受的宗教理论的支持，提出了超过任何其他移民群所提的要求；他们要求享有美国全部公民的权益，而不愿放弃那些“旧世界”的习惯和风俗；而在其他移民群中，放弃这种习惯风俗乃是被授予完全美国人地位的必要条件。

这种特权的要求，不是对方出于甘心情愿承认的，或者也可说始终不曾全盘实现。他们得到了完全的法律上的平等，但没有得到社会的平等；犹太人既然拒绝放弃那些不合美国人的习俗（所有其他的移民群，不管如何痛心，都放弃了种种不合美国人的习俗），所以他们没有得到完全美国人的待遇。犹太人的深闭固拒，引起了相对的排挤，这在美国人实施排挤最通常的模式中，首先表现于房屋的租赁和购买，以及保持邻里不沾“外国风尚”等方面。犹太人有标明“饮食法则”的假期营地、旅馆，而对方则有“限制外人”的休假营地、旅馆和邻里，分庭抗礼。

虽然在这种不是充分参加的情形之下，许多犹太人在构成美国人生活的种种竞争中，无论在学校里，在已有的自由职业中，在政府中，在企业中，或在最近50年中所发展的新工业内，都获有显著的成功。既然一般说来成功就等于获得抚爱，犹太人所受权威当局——无论女教师、政府或某种抽象的命运——的宠爱，似乎过于他们非犹太教的本国人，因此后者对于这种显而易见的不公平，有痛心疾首之势。

许多第一代移民的子女，以及差不多全部第一代移民的孙辈，都愿意放弃大部分的关于取得特殊地位的要求，且大部分人完全放弃了表现这种要求的非美国人的习惯。但第一代移民原来要求的特殊地位，现在却硬加到他们身上来了；第一代的移民通过要求特殊的权利和特许，强调他们的与众不同；他们的孙辈虽放弃了这种要求，但差别化的待遇转而硬施到他们的头上；以前拒绝完全参加的情绪，现在恰好倒转了过来。

纳粹的种族宣传，直接或者间接通过宣传的报道，迅速地传布着使用“雅利安种”与“非雅利安种”这两个名词拥有相当科学的理由，在犹太人与他们非犹太族的同国公民之间有经科学证实的某种差别存在，这种宣传更使此种情形变本加厉。美国人习于接受任何标明为“科学的”理论，不加以怀疑，亦懒得请教假其名而提出这类理论的科学家。国社党种族理论恶毒的无稽之谈，虽由有适当资格的科学家加以精密的和充分的驳斥，但是听信这种无稽之谈的群众，是无须再加论证的。美国的多数人都接受希特勒的这种两分法，虽则其中多数人，在感情上对这种“科学信仰”的重视，并不大过于对习常购买的早餐食品和家庭用具所大吹大擂的“科学”价值的重视。

不过过去（和现在）还有一批听众，接受纳粹整个全套的反犹太宣传，而且他们人数之众，足够令人惊心。这个听众群似乎是由下列两大类人组成的：一类是个别的近乎神经病的分子，亟乎为他们任何夸大的计划，取得社会的器重；另一类是移民第二或第三代的子孙，他们必须藉大声反对凡可以认为不合美国标准的一切，来掩盖他们内心的踌躇和怀疑。在非犹太人未受充分同化的邻里区域内，曾发生过数量甚多的反犹太的暴行。

目前，这种暴行的发生仅为地方性和偶发性的；但它们对于美国人的平等思想，以及由此而引申出来的民主政治，可能成为最大的威胁。犹太人所受的限制与歧视，比起黑人和亚洲人远较为少，但一般人最近对待他们的态度，与对待黑人及亚洲人（南方除外）极为相似，所不同者不像后者那样附有一种自觉罪过的观感。不管个人的行径如何，在美国大多数地方，对于“白种优越性”的说法，并没有多大理论上的支持；所以歧视一事,在思想上是不合理的。不过现在却有一种企图证明“非犹太人”优越性的趋势，虽然现在持有这种倾向的仅限于那些被恰当称为“疯在边缘”的人物。如果再来一次经济恐慌，个人因为并非自己的过失而陷于失业之时，这种储存的恶意，是可供制造黩罪羔羊的现成理由；而美国民主政治建立于平等的实际之上，有过于持之甚坚的思想之上，如遇这种的情形，民主政治本身的就将受到威胁了。

因为这种发展而起的难免的恐惧，使许多美国的犹太人的行为，发生了一个意外的结果，即强化了犹太人的“离群独处”。他们对于那些逃过纳粹的屠杀而幸获生存的犹太人的命运，情感上深感关切，并希望帮助这些可怜人抵达较为安全的庇身之所。最合逻辑的办法，自然是修改美国的移民法，以便大量移民，但鉴于他们本身地位的不确定性，很少人敢于提出这种意见，至于正式的要求那就更不用说了。按说在20世纪的初叶，美国曾每年吸收100万的移民，而人口分布仍属稀少。因此犹太人为安慰他们自己的良心，同时不至于直接威胁他们自己的地位起见，曾经充分利用每一种政治手段，把美国政府拖进去，参与在巴勒斯坦创造一个犹太人国家；因为他们的票数大部分集中于在政治上占有要略地位的区域，所以得利用一党来对付另一党，取得较好的承诺。他们利用这种策略，破坏了以前所称犹太人与非犹太人仅有宗教上差别的说法；他们迫使一般人接受犹太人为另一民族的宣传，不问他们加入哪一国家；他们也同那些企图利用本国政府来帮助原来出身国家的归化美国人一样，被人颇有理由地指责为兼具双重的效忠心理。

美国的犹太人与其他没有充分美国化的社群比起来，有一个显著的不同，即对美国的文化曾有巨大的贡献。在科学——也许特别在社会科学和医药方面，在艺术和一般娱乐方面都占有重要的地位；此外他们对于美国特殊的讽刺的、嘲弄的和超逸的幽默,亦负主要的责任。关于他们统治电影及广播业的地位，虽则被渲染过当（大多数的电影公司实在是由非犹太人的银行所有和所支配的)，但他们对于这些群众宣传工具的内容，确拥有极大的影响，而对美国人所给予世界的其他部分的印象，他们亦负有大部分的责任。

对于由欧洲来的移民所抱的一般态度，具另外的性质。除非他们移入时还是孩子，否则他们就没有希望或被人期望变成完全地道的美国人；但他们的子女几乎毫无问题就可变成完全的美国人，因此他们自己的不完全美国化，被认为仅属过渡的性质。这种移民中，有许多人是挟带了欧洲的政治观念而来的；美国社会党所获票数的多少，和社会内第一代移民所占比例的大小，差不多刚好相称。遇到由同一民族构成的第一代美国人集中在一个选举区域之时，例如在密歇根的波兰人，芝加哥的德国人，麻省及康涅狄格州的意大利人，他们对于他们所选出的众议员及参议员涉及他们原藉国家的范围之内的外交政策，操有重要的压力影响。供这些第一代移民阅读的用外国文字刊行的报纸，巧为设辞立论，证明采取了有利于使用该种文字的国家的政策，也最符合美国的利益。随着移民来源的告竭，这些归化团体的重要性亦继续减少；在过去，他们曾为造成孤立主义的一个因素，因为避免动作、不做不错，似乎是保持选票最安全妥当的方法。即使到了今日，他们的影响，仍超过他们人数的比例；美国现在对于德国、波兰等国家的态度，如果我们能先浏览一下两年以前用有关的外国文字刊行的报纸，当更易了解。

这种数量上不占优势的美国人，他们之所以能影响美国的外交政策，那是因为美国的政策毫无例外地是由有组织的少数精英决策这一事实而起的，虽然在大多的例证中，这种小组织往往是为共同谋利而团结起来的“无形的”少数人结合。这种政治的少数分子普遍被称为“院外团”或“压力团体”。政客既然属于受人鄙视的职业，而政府本又被人视为多少有点外国的气味，所以差不多绝无任何制造舆论的实力，可以起而抵抗一个下决心、有组织的少数团体的压力，这些少数团体不顾社会的利益，要求订立有利于他们的法律。这种少数团体运用的最著名的例证，为“白银集团”，他们为了谋取一小群矿工（或者矿业股票持有人）的利益，使整个社会加上一笔永久税，并且改变了亚洲和中美的整个政治和经济发展格局；又如“农业集团”，他们的荒诞的“对等法”，大大提高了不单美国的，还包括世界许多地方的粮食价格。如果说违反公众利益的国内立法，可以不受有力的公众的斥责，不单通过而且列为法令，那么在与一般选民相关且不怎么密切的外交政策方面，可以受同样不重要的团体支配改变，那也是毫不足奇的了。

照一般的规则，欧洲人移殖到美国以后，在两代以内就可变成美国人。但有一个重要的例外，数量众多的爱尔兰人，不管在美国居住了多少代，依然设法维持、甚至变本加厉发展他们的民族性。这种情形，似乎是由两种情境并合而成的结果：操英语的爱尔兰人在变成美国人时，勿须放弃他们的语言，因之不像其他非英语移民那样，在世代之间有中断的情形，此其一；

他们的信奉天主教，使之不像英格兰人和苏格兰人那般归于散失。许多其他天主教移民中的神父，必然是操外国语言的；结果使爱尔兰人集居于信奉天主教的爱尔兰人区域，而且大体上不与外人通婚。爱尔兰人虽在地理上并不偏居一地，但他们的语言差不多等于被认为一种美国的方言。在美国革命以前，爱尔兰已是人口中的一个重要部分，自从杰克逊时代以来，他们在地方及城市政治，以及往往在国家政治上，都占有主要的且往往是优势的地位。虽则绝大多数的爱尔兰移民差不多都是来自乡间，但到了美国以后，大多数人都在大城市中定居。大部分人除了他们的语音和宗教以外，仍维持并扩张了传统的爱尔兰人对英国的仇视心。

根据这种理由和别的理由而被认为没有具备完全道地美国精神的人数，分别占全人口的五分之一和六分之一。其余约一亿多人，就是“百分之百”的美国人（这是一个重要的通用的名词）。在理论上这一亿人是完全平等的，至少有完全同等的发展可能，至于他们收入和所受尊敬的差别，起于各人在生活竞争中成就的高下。也许除了少数大学教授以外，这种神话并没有被完全地相信，但在社会解释显而易见的货物与服役的分配不公平的情形时，这种神话不失为解释中的一个重要因素。一个人若得以步入统治层，一般被人相信是由于个人的努力和创造性，再加上运气的色彩；有些人曾遭遇过“好运气”，曾“占了便宜”，因而虽未努力便取得了别人千辛万苦而未能达到的地位；但是这种境遇既然被认为源于运气，则人人、包括你和我都是可以逢到的，因此最受优惠的人，通常并不被认为在性质上和美国人的一般行径有什么不同。

这种关于美国人基本平等的信仰，在民意测验中有最戏剧化的表现，这种测验，挑选美国社会横剖面的各种代表人物，请他们自行指定属于哪一个社会阶级；在每一个测验中，都有约五分之四的人自称属于中产阶级。这种自我介绍，从客观说来差不多是全无意义的，但从主观说却极足发人深省。它表明客观的阶层体系相对并不重要，大多数美国人在自命为属于何种阶级之时，并不根据全国性的阶层体系，而始如所意料得到的，是根据切身的竞争圈来做标准的。社会地位，既然大体由收入多寡而决定，在这个范围之内，大多数的美国人都自觉他们虽然比上不足，比下却还有余；自认为处身在阶层体系中最末一级的，每 12 个人中还不到 1 人。即使在全国性的尺度上，也仍维持这一个观念。因此美国人今日对于那些无钱无货的，都不称为贫苦，却是以他们特有的委婉用词，称之为“被剥夺权利的分子”，至少在社会工作人员及政客中是常用这个名词的。缺钱也许使人无从享受别人所有的若干种利益和便利，但这种痛苦被认为完全因为缺钱所致；如果以后凭了运气或艰苦工作，有了钱后，他就有权享受这些利益和他所挑选购买的各种便利。美国军队中应征士兵之所以仇恨军官，其理由之一一定就是军官们单凭了官阶的关系，得以享受士兵所不能问津的逸乐和设备便利。这种剥夺平等享受的机会，是百分之百的美国人在美国实际生活中从未经验过的；在平常一个人可以因为缺钱或缺乏教育，而不能享受现有最好的一切，但一般并不认为因而他就失去享受的资格。

美国人口中八分之七的人，虽然根据共同生活、互相通婚和彼此往来的标准，可以客观地分成为上中下三个社会阶级，但他们对于这个关于基本平等的信仰，除了受因勤勉程度与技能不同所造成收入多寡有异而加以修正，都深信不疑。在最上级的 10%—12% 的人士（如按同样的标准，他们又可被分成三级）中，有极大的差别，在竞争社会优越地位时，除收入总数外，更采用其他的标准以资补充，竞争起来是很娴熟而严峻的。这种竞争是由妇女，尤其由已婚妇女所担任的；她们颁布标准和作成决定，男子在这种竞争中的地位，是他们的母亲和妻子所决定的。

这种竞争也像构成美国生活的其他竞争一样，根据同样的假定，即认别人的成功威胁到你的相对地位；因之，地位比较固定的人排除新登场的人，成为管制此类竞争的基本原则。“独占排他”，是划分社会优越地位和团体的有力的短语；这个短语虽在广告中被滥用，差不多变成等于与“高贵奢侈”词同义，但在非商业的用途上，仍为指示社会竞争境界的符号。

这个社会竞争的领域，受一个事实的限制，即在一般美国人的实践中，对于凡出钱可以买到的任何东西，要求人人都有同等的享受机会。在纽约及其附庸的游憩胜地，有极少数的“不招待外客”的饭店，凡不认识的顾客，无论如何富有，都在恕不招待之列；但在其他各地并没有这种的情形。

进行社会地位的斗争的主要领域，为已婚妇女的俱乐部和联合会。在许多地方，“园艺俱乐部”和“青年社”属于比较重要的半公众团体，加入这种组织成为会员，能表明个人的社会地位，所以新来的外客或新宾都竭力设法进行取得会籍，会员对申请者必须先作最为详细的调查，之后才不得已勉强予以准许；此外还有些为某种具体目标而定期集会的相对不大显著的俱乐部和团体——打桥牌或研究音乐，缝纫或讨论别人所写作的论文，聚餐或花艺，或任何宜于有闲而有教养的妇女的其他活动。在任何地方，在妇女最上级的2%—3%中，这种俱乐部与团体的会员籍，恰好决定了她们对等的社会地位；为了取得这种会籍，不惜进行大量的孜孜不倦的诡谋巧计，如果这种诡谋巧计竟遭闭门之羹，就会令人发生痛心疾首之感。

评断申请人的标准，是因地而异的。在南方和新英格兰，家世占最重要的地位；如能上推家世（而且世系越多越好），推到18世纪或19世纪在美国拥有财富和势要地位的祖先，则所有其他的考虑就差不多可以存而不论。这种高贵的祖先，势必以出生于英国的人或英国人的后裔为主。在这种社会的谱系中，既然世系是两面兼算的（在欧洲并无同样的现象），所以一个人可能拥有1位至16位的合于希望的玄曾祖父母，单是在祖先的计算这一点上，就可能有极精微的等级。在新英格兰，教派以及男性戚属所进的学校，亦具指示参考的性质。在南方，家世也可作反面的参证：如果一个人祖先中有人不参加南方各邦联盟（至少自 1865 年以后），则可以抵消掉其他祖先世系方面的许多优点。在国内其他部分，主要的标准为所出身的家庭，曾经占有（即使现在已经式微）权势和富裕的地位。不管用什么标准，在每一个社区中总有一小群的妇女，她们的支配地位是受一般人所承认的，而且她们代表着执行评判制和准许或拒绝申请人参加的高级法院。

鉴于社会成功的竞争，消耗了较为富裕、有名望的美国妇女大量的时间和精力，似乎很容易使人下结论说，美国的社会，至少就其最上面的 10% 的人士而言，其所有的阶层结构，与西欧那些未曾经过一次新近革命的国家内所有的阶层结构，颇为相似。但两者的不同，远大于表面的相似。最重要的是，这种阶层结构是地方性而非全国性的。在南卡罗来那州可以藉而取得高位的标准，在佛蒙特州、或怀俄明州并不适用，相反亦然。各方有良好联络的人士，在一个新社区中确立自己的地位之时，注意亲属支派的提携，也许有若干的帮助，但这种帮助既不重要，亦无一定把握。有一本名为《纽约的社会客人谱》的书，曾打算把全境的名人一起列入，凡新申请加入者，必须取得丈夫或儿子已在册内列名的两名妇女的推荐信；书内所列的人数虽少，但每一社区的领袖，仍将认为有不应列入而滥竽充数、应列入而反遭拒斥的情形。除了这个部分例外之外，关于社会成功的竞争，也像商业成功中的竞争一样，主要是一种近乎势均力敌的人中间的相对地位之争；单是表示与那种地位相称的行为，并不能确实证明一种绝对的地位。

这种社会地位竞争的影响力，更因社会地位由妇女所决定，和美国政治及经济结构仍具父权的形式而为之未减有关。结果，家庭与社会优先地位的考虑，在决定哪一个人居哪一种位置时，并无重大的分量。男子以丈夫和儿子的身份，参加混合的娱乐宴会，他们的相对地位即在这种娱乐宴会中由妇女所决定；但是因为照多数情形，这种团体的提出或接受邀请，对于附带男性的经济或政治地位，并不作主要的考虑，所以这种聚会对于参加者的公众事业，难得发生什么影响。这个概论有一个重要的例外，即如遇一位社会及经济地位较低的男子，娶了地位较高的家长的女儿为妻，在这种情形之下，丈夫就将被吸纳入妻子的阶层，并可以从中收取重大的利益。情形倒转来，社会阶级出身较低的妻子，如要加入那些重要的小俱乐部，除非她丈夫的母亲和姊妹行已列为俱乐部会员者，否则将格外地困难。

简言之，在完全地道美国社会的最上级的十分之一的人士中，相对优势地位具有极大的重要性，是造成许多耻辱和迫害狂式胜利的原因，但很少具有社会的含义。这上层十分之一的人士所提出的对特殊尊荣的要求，多少受人口中其他人士的憎恨；但他们接受了这种可以在他们“做得好”时作模范的行为标准。收入的差别，对于社会中所有的货物、教育及医药便利、房屋和食物的不均分配，具有显而易见的决定性影响；在经济地位比较稳固的上层百分之十的人士之中，彼此相对的地位，是受次要的考虑决定的；但所有这些次要考虑的重要性，都不会超过美国人的基本信仰，即认所有地道美国人本质上都是平等的，他们的差别都是出于个人能力、勤勉程度和运气的不同。因为一个人是否具有美国的精神，是一种意志上的行为，因此所有充分地道的美国人，自然要比仅具不完全美国精神的人优秀多了。

[第九章]

较小的支系

较小的支系

美国人相信美国精神的完全性可以或多或少，且这种完全性的多少主要是个人意志的问题。在大多数美国人对世界其他部分居民所抱的态度中，这个信仰占有最重要的地位。从一方面观察起来，全世界所有的人民和所有的各民族可以沿着一条连续的线占有各自的位置，线的正的一端代表百分之百的美国精神，负的一端代表百分之百的非美国精神。就我所知，美国从未有任何团体，曾经自觉拟订推敲过这种观念的概略；但如果把持各种政治理论的美国人的言论行为，参照这种未经明文订出的尺度标准来加以解释，那使人了解起来就容易得多。既然充分的美国精神就等于充分的人类，那么位于连续负线的一部分内的民族，例如上次战争中的日本人，就被否认具有人类的地位，并被认为放弃了人类的权利。直至日本人投降，以及此后的占领，改造日本人变成候补美国人为止，美国将士会心安理得地向他们承认的国人，讲述施之于日本兵的残虐和欺骗的故事，但如果被施的对象不是日本人而是别的民族，那么差不多一定会引起反感。

就欧洲民族而言，评断他们是否近似美国精神的标准，与对由欧洲移入的移民所采的标准相同，所差别者，作为指示美国精神征象的家庭用具和公益事业，尤其被重视；其他的标准，为技术发展的程度和政治的体制。评判政治体制，是单看它和美国的体制相似或不同。所以共和国要比帝制为好，两党制要比一党或多党要好，政教分离要比政教合一为好，总统要比国王或独裁者为好，分立的司法机关要比居于附属地位的司法机关为好，民选的两院制要比一院或三院为好，没有世袭的爵号比有世袭的爵号为好。一个外国的政治体制与美国相近到什么程度，那么在假定其他一切相等的条件下，也就是被认为近似美国精神的程度。但在考虑到这种政治的方面时，习惯上采用一个代替“美国精神”一词的同义词：即民主政治。

这个同义词，是用最简单的三段论法来证明的！美国的政治体制是民主的，因此凡是与美国相似的政治体制，也就越像民主政治。绝大多数的美国人绝不怀疑这种三段论法。要是瑞典放弃他们的帝制，而任何方面的政治行为并不改变，就会被认为要比现在为民主得多。反之，英国无论国内社会安全制度或政治的平等如何完善，在他仍保持帝制和世袭爵位之时，仍不能认为是完全的民主。

就绝大多数的美国人而言，“民主政治”一词，除指“采取美国方式的政治体制”外，别无他义。那些职业的或业余的宣传家，希望游说美国公众，要使他们相信像意大利或南斯拉夫一类国家的现有政府是值得支持的，就指出各该国现有的政府体制，比起其前身被推翻的政府体制，与美国这一模范相近得多。其实所有各外国的党人，都是使用同样的原则以作赞美的；他们告诉美国人说，他们所代表发言的国家是肖似，或希望肖似美国的。天真而用意甚好地提倡国际合作的人，如已故的威尔基和华莱士，也曾把这种方法作最极致的发挥，他们曾经把在西伯利亚或在云南的情形，与一世纪前美国边境的情况相比较，认为严格相像，而显然毫不带突兀之感。

凡人民的外貌、衣着、食物、家庭用具，以及政治体制与美国人全不相同的国家，尤其是亚洲的国家，如要说明他们正在趋向美国精神，和因而值得受“国人”的待遇，最好的方法就是把他们的性格描写为合于美国式标准。近年来，中国人特别领受到这种特殊形式的奉承；如从许多论中国的书籍及演说评断起来，可以使人联想到，长江流域与密西西比河流域仅有表面上的不同。虽然中国人在这一方面特受优待，但亚洲所有其他国家，不论阶级壁垒如何森严，其政府如何专制，其人民如何受教士的束缚，其人生观如何的带出世色彩，都不乏发言人，说明其人民是“真正”像美国人。

如果对一个外国民族表示同情或拥护是情理之中的，那么这种认同一体的看法是必不可少的。因为除非承认他们有最低限度的美国精神，否则又如何能把他们看作人类呢？如果他们不是人，那就是事物；而事物是不能受同情或拥护的，他们只能供人们利用或破坏。

一大部分由于美国人间这种传布甚广的基本态度，即认外国人之值得受尊敬与重视的程度，须视他们与美国精神的相似程度为断，遂使美国提创国际合作的人，在向他们的国人提出关于世界其他部分的图像时，自觉非大加曲解不可。许多“自由主义者”，显然是为了要使美国人信服美苏如果发生战争，将造成大祸，觉得必须把俄国的社会状况，作完全与实况不合的描摹，好像苏联社会除了若干技术的发展外，与美国实际上完全相同；如承认苏联的社会在形式及价值方面，与美国社会有显著的不同，就是存心危害和平。结果，使现代美国的“自由主义”的报刊杂志，尽管他们抱有毫无疑问的良好用心，在新闻报道方面，就外国问题而言，反不及那些所谓的国际主义者所认为的世界“一体”即是一种普遍的美国精神，尤过于孤立主义者。

这种态度，也使国际事物中美国的合作具有一种特异的色彩。就大多数美国人而言，尤其是在政治色彩并不占显著地位的情形中，其参加国际的事业，等于是把美国人的活动推广及于美国国境以外。他们慷慨地大量提供他们的时间、他们的技巧、他们的资金，而毫不后悔；但要使他们承认在他们习惯以外的组织体制，亦有优点可取之处，或者考虑到他们在国内没有遇到过的价值、偏好或成见，那就极度困难了。认趋向美国精神为普遍的希望，这种信仰深入人心，所以要加以放弃，就极度困难；等到环境迫使非放弃它不可时，国际合作往往也就同时有被放弃的可能。凡是决定保持本国特殊作风的民族，证明自己是特立独行的，这种人是不配接受援助的。

善意的人，由强调人民与政府之间的差别，在一个长时期中仍可维待他们关于普遍趋向美国精神的信仰。美国人实际上无例外地认他们自己的政府，具有外国的性质；他们并不把政府视为一体，并不认为政府的行动包纳他们在内，而觉得可以自由批评和鄙视政府，这一点在美国人讨论国外政策或活动时，表现得最为明显；是“他们”订定这个政策，发动这个行动，写成这个牒文的，从来不说“我们”。甚至大多数的议员与官吏，只要自己没有亲自参加某种政策的制定或政治活动，亦同抱这种超然局外的态度。他们是没有共同负责或间接参加之感的。

这种几乎普遍的把政府视为外人，认政府官吏是贪婪权力而不值得尊敬的人，对于美国的外交政策，有其经常的反响。这种态度影响到应该设计和执行政策的人，他们明白自己是被怀疑的人。因而使他们对于公众的批评，感到过当的诚惶诚恐；官吏们深信为良好的政策，因为怕受公众舆论的指责，甚至不敢提出公开的讨论。因为政府是受嫌疑和鄙视的，国会只许付给公务人员一笔殊嫌不够的薪金；又因为高收入有极大的象征价值，加上从政是被人低视的行业，较为能干的公务人员就不免常受诱惑，弃政而改就别种待遇较优、较受尊敬的企业或自由职业了。较为能干人员的这种不断消失，第一个结果便是造成人事上缺乏连续性，且往往因而造成缺乏始终连贯的政策；第二个结果，大势所趋，使凡拒绝企业界的邀请和始终留在国务院或外交界的人，限于那些对一般人所抱关于权力的态度并不完全认同的人。

这种缺乏视政府为一体的一般情形，在知识分子中尤有最夸张的表现。在他们讨论外交关系之时，这种超然局外的态度，好像登高山而俯视人间；又因为他们否认对于政府的活动，负有责任，或应该参加，所以好像他们就具有特殊的资格，可以告诉别国的政府应如何去做。

美国人非常深切感受到的这种人民与政府之间的差别，照常也推及于那些政治体制虽和美国的模式有显著不同，但美国人认为宜于与之建立友善关系的外国人民。所以在新近的战争中和战事结束后，许多热心的美国人士不顾现有的一切证据，坚持主张德国人民根本上是反对国家社会主义和希特勒的；其他有关的团体，正在以同样激昂慷慨的精神，强调说明普通俄国人及其政府的不同。这种信仰，甚至即使和有关国家的人民发生相当多的接触以后，仍可维持；因为完全的美国精神既与完全的人类相等，则反转来说，如与外国人发生接触，越感觉外国人与人类相像，越可以表明他们本质上具有美国精神。

既然美国人这样照例地未能视他们的政府为一体，因为他们一般推想外国人也有同样的情形，美国的国际关系也像美国的个人间关系一样，有采取同样方式的趋势。所有构成美国人之间关系的不同成分，在美国人与外国人发生联系时所抱的态度及要求中，同样应有尽有；因为各成分所占的比重，时有变动，所以美国对某一国家所抱的态度，在一定时期内常有重大的显而易见的变动和内部的矛盾。

构成这种关系最重要和最经常的成分之一，即为美国人永无止境地要求别人作友谊与抚爱的表示。战时我在美的职务之一，为阅读美国各政府机关所草拟的大量关于亚洲、非洲和大洋洲许多遥远国家和民族的技术性报告。在每一个报告中，无论其题材的大部分带如何的技术性质，总有一节专论士民对西方各大国所抱的态度，而且在这些章节中，毫无例外地断言，在所有这些国家眼中，美国是最受士民爱戴、敬慕和最受信任的国家。不管这些遥远的民族人数如何少而情况不明，他们和美国人的交往经验如何之少，或者甚至如若干密克罗尼西亚群岛的士民，在他们活着的人的记忆中，从未和美国人有过接触，但全报告中总得放上一节，断言士民在各外国中最爱慕敬奉和信任的就是美国。如果读起来，说是有一个民族并无此种观感，其对个人自尊心的打击，就等于当面逢到一个面无笑容的擦皮鞋的人或缄默无言的侍者一样。在这一方面须记得的是，在美国爱抚一事是单方面的；被人爱只是证明自己值得受人之爱，并不一定就要投桃报李，还爱予对方。在以上所提的报告文件中，都没有提到还报士民这种爱慕敬佩的情形。

民族间的爱慕，与个人间的爱慕是被视为极端类似的。在许多美国人的心目中，美国与所讨论国家之间将趋和平或战争，这种两国间的爱慕具有决定性的作用。所以有许多好心肠的美国人，经常提出计划，邀请被认为敌视美国的国家派遣大量个人（一般是学生），赴美，以资联络，藉以保证世界的和平。例如，苏联每年如果派两万人在美国大学内就读两年，他们回去时就会满心爱慕和敬奉美国，两国间的战争就将成为不可能了。有时，这种善意的访问，是基于互相交换而计划的，虽然比较少见。美国人所以还不爱慕（譬如说）保加利亚人，是因为缺乏足够多的美国人了解足够多的保加利亚人；如果有200名美国人进到同数的保加利亚人的家庭内，美保两国的关系就将获得显著的改善。不过这种互相对称的见解是少见的；照一般的思想，美国人应以良好的工厂、学校、医院、药房、教会、技术的窍门来表明它本身之值得爱慕；外国人一经知道了美国人的价值，他们的爱慕之心，自会油然而生。

这种认爱慕之感为国际关系中一主要因素的信仰，有许多的后果，其中最为重要的，就是经常低估国际关系中“非个人性”的成分，例如经济的和思想的考虑等。其次，这个信仰使美国人对于外国、或该国代表或发言人的变动不定的态度，产生过于敏感的心理；报纸上经常登载论文，评定美国人在全世界各地受欢迎的程度；如有报道美国人受欢迎程度发生减少的情形，就被认为不单和平受到威胁，而且也是一种个人性的厌弃。所以美国要推行一种在开头时不免不洽众议的长期政策时，特感困难。美国原来主张的对征服后的德国和日本的人民，“严厉”处置，对奉派代为执行这种政策的人，不亚于提出了几乎无法做到的心理要求；他们生活在显然对他们无爱慕表示的人民之中，他们奉命不准用食物和香烟等礼品、用援助和单纯的友善、用与“交际”相近的方式，争取前敌国人民的敬爱。这种限制，尽管时间短暂，但对一个四平八稳的美国人而言，实在是太痛苦了。禁止与敌国人民交好的命令，正好像实行禁酒的刑法第十八次修正案一样，同样显示出对美国人缺乏了解的心理；而且也同那一个用意甚善的法律修正案一样，人们热烈地拒不遵守。美国人如被迫处于他们感到不被人爱的境遇之中，他们的天然趋势，是尽可能地抽身退出，如果事实上不能脱身，则或者借酒浇愁，或者用思想的陶醉，与世隔离。

与此种求人爱慕的希望配合的，则为对被人拒绝、被人视为不值得爱慕的强烈的恐惧；而应付这种恐惧的一种技巧，即是抢在前头，在被人拒绝以前先拒绝别人。这是造成孤立主义的又一成分，再加上前面所讲过的感情上的强烈摒斥欧洲，深恐失去当地种族团体的投票，使之把个人应付不愉快环境的持之有效的技术“让我们离开这个是非之地”，在国际关系中作扩大的复制。主张采取孤立主义为经常政策的文件和宣传家，为争取信徒起见，他们向读者和听众重提美国曾被人称“假伯伯”或“夏洛克伯伯”（莎士比亚威尼斯商人剧本中盘剥重利的犹太人——译者）的旧事；提出过去被摒斥的旧事，好像就是避免今后受摒斥的充分理由了。

这种恐惧摒斥心理的本身，有其相反的一面，即深恐别人并不真心爱慕他，而只是觊觎他的东西，对他加以利用，深恐被人当作送礼的“圣诞老人”。这是美国人所抱恐惧中最卑劣和最流行的一种，鉴于美国目前处于普遍的债权国地位，这种恐惧心理最可能扰乱国际的关系。与此深恐别人视为“席丰履厚”的恐惧心理相伴而行者，常有许多认为美国人在国际交涉中相形见绌的议论；外国是太狡黠了，外国人的宣传太无孔不入了，他们太会给天真的美国代表戴高帽子了，致使美国在和他们交涉之时，不免岌岌可危。这种图像，主要是由孤立主义的报纸所提出的，在他们的报纸上，几乎毫不掩饰地画出美国的女性化身：美国被画成为农家天真美丽的女儿，在城市骗子的邪恶魅惑之下，她纯朴的德行受到经常性的危胁。在这种例证中，求人爱的希望之心，为恐被诱惑和遗弃的心理盖掩了。

要求别人的爱慕，以及因被人拒绝爱慕而发生的受打击的痛苦，这两点渲染了美国人对于国际情势的许多反应。例如，在目前一般对苏联和南斯拉夫所抱的态度中，一个极重要的成分，即起于美国人在观念上认为这些国家对美国的慷慨支持，太忘恩负义了。美国人曾拿出租借法案的战时供应，曾担负善后救济总署经费的大部分，这些对于该两国的胜利和复兴，曾有重大的贡献。但美国不单没有获得感谢和爱慕，其在莫斯科的代表还大费了周章才使俄国勉强答谢馈赠，俄国报纸上充满了对恩人的冷嘲热讽，南斯拉夫甚至打下了美国人的飞机。慷慨输将所获得的不是爱慕，而是冷嘲热讽和摒斥；每一次这样的经验，更加强了孤立派人议论的分量，同时削弱了主张国际合作的人的立场。

要求友谊与爱慕的表示，只是构成美国人之间关系的成分之一。第二个因素，为竞争以求相对的成功。不过在国际领域内，这种类比与其说像个人之间的竞争，不如说更像商业公司之间的竞争，至少在直接或间接参加国际经济交易的人的心目中是如此。美国本身被视为一个大公司，与其他的公司即世界其余的民族和国家，为了市场和利润而作不断的竞争。在这种交易之中，除了为求本公司的扩张与利润以外的任何考虑，都是不相干的。统御这种商业竞争的规则，理想上应为无限制的

“自由企业”的规则；如果这些规则须变动，则必须尽一切努力，务使与你竞争的人，不至有欠公平占你的便宜。如果他们所付的工资较你们所付的少，那是有欠公平的，这种的参差情形应用加征关税来补救；如果你的两个竞争者订立一个把你排斥在外的相互的契约，那是有失公平的，所以美国人会想出用相当于反托拉斯法（即反垄断法，是国际间或涉外经济活动中，用以控制垄断活动的立法、行政规章，司法判例以及国际条约的总称。——译注）的办法，施用于国际方面以加防止；如果外国的公司想侵入你的境土，那是不公道的，如果外国的公司把你排除于他们的领土以外，那也是同样不公道的。作为一个商业经营而言，一个公司的主要目标和成立理由，在于谋求股东（或公民）持续增加的利润；它应该从最低廉的市场上买进，在最昂贵的市场上卖出；如果在这种交易进行之中，有些公司发生破产或不能继续经营的情形，那又关我们什么事？你认为我们在这种情形中负什么责任？以我们的健康？

“头脑冷静”的美国商人，尽可能地把这种将民族国家作为一个经济单位，与私人商业公司相比并论的方式，作最大的引申，而且往往产生威胁世界发生灾祸的结果。在一个经济体内，可能把竞争者迫到破产败亡，不管会引起个人如何的痛苦，而任何方面绝不影响到整个经济的安全；但一个破产的国家，就不能同样轻描淡写地吸收了。在商业世界中，是没有宽恕慈悲，也没有人要求宽恕慈悲的，而且一般人们都相信整个社会将由此而获得好处。但这种行为，如果在世界的层面上适用起来，就不能准确地作同样的主张了。但在一个被认为带“企业性”的局势中，一个美国人的行径除非遵照在私人商业中实行的原理，否则他自己不能心安，更不能得到他同国人的赞许和同意。“美国人的事业就是做生意”。政治上的联盟，被视为等于商业公司间的结合，在这种结合中，两个（或两个以上的）公司将为了对付一个共同的竞争的对手，而合并他们的资源，协调他们的政策。竞争的对手一旦被解决，严格为此而结成的联合即自动结束；肃清场面上的竞争的对手，使他们都得到好处。对手既去，他们又可在自由企业的规则之下进行相互的竞争了，而自由企业就是健全公司的正当的常态。既然共同的活动，使参加的人都有好处，那么对于过去有契约关系的对方，就不再负有进一步的义务。

作为头脑冷静的美国商人所作的行径，和作为不过想求人欢喜的和善简单的人所作的行径，其间有强烈的差别；这种差别，也是引起非美国人在观察美国国外活动时发生极大惶惑与怀疑的原因。美国人一般是并不自觉有这种差别的，因为像前面已经指出过的，他们倾向于把局势分立观察，好像各种局势各成单位互不相关似的；如果某一种局势被指为商业局势，则适用某一形式行为；如果某一种局势，被指属于人事的关系，就需要一种完全不同形式的行为，正好像你对付一个商业上的对手，要看他在办公室或在乡间俱乐部，从而作不同的应付一样。在国际关系中采用这个类比的缺点，在于非美国人难得具有只根据直接内容而决定适当行为的习惯，而他们对于各种局势的定义，可能与美国所接受的定义不同。

造成惶惑还有另一个原因，即美国人不单一会居于商人的地位，一会又转到和善单纯的人的地位，而且说话的口吻，时而出自山姆大叔的声调，时而出自自由女神的声调。自由女神也就是深印于内心的母亲和女教师的化身，说话的口气带着道德的命令和禁制；她告诉世界应该做些什么，不应该做些什么，什么时候应该战争，什么时候应该弃仇释嫌，重归于好，什么时候应该糖分点给别的孩子，什么时候应该自立起来而不至为人所乘。像前面已经讲过的，自由女神在为别人定下这种行为规则之时，是充满自信心理，心安理得的，但她并不感觉到这些规则，也适用于她自己；一个母亲或女教师，她的行为方式，并不被人认为要与她所抚育的孩子的行为方式相同。没有受同样教养方式的人，若听到由一个参议员或一个专栏作家的口中，说出女教师的腔调，常常不免莫明其妙；美国人既把道德视为女神，女神又因地位关系不得参加她自己所规定的许多活动，于是那些不把道德设想成为女神的人，便不免误解这种道德的劝告，认为是美国人的伪善了。

以上所讲的态度，是指美国人一般所持的态度，它对于任何其他国家，并无深切的情绪上的牵涉。不过也有占少数的美国重要人士，他们对于特殊的国家，有深切的情绪上的联系。这种情绪的联系，似乎出于个人历史或人格的变异，并似乎采取两种主要的形式。

第一个形式为对国外革命解囊相助。20世纪内许多的革命运动，特别是以达成被统治民族的政治独立为目标的革命，一大部分靠了美国人的金钱捐赠才得以实现的。捷克与爱尔兰的情形是久已著称的例证，在现今巴勒斯坦、波兰和希腊的局势中，亦可看出同样的迹象。人们曾经告诉我说，这种活动主要受第二代美国人的支持，他们的父辈是由这些有关国家移入美国的，第二代的美国人，摒斥了他们的父亲和他们的原籍国家，于是这种捐款就有藉以赎罪的意思，而实际上他们大部分人已不会说原籍国家的语言，也并无旧地重游的意思。

其他的美国人，虽与特殊的国家并无这种血统的联络，对特殊国家或该国的政党，在感情上发生深切的牵涉。这些人士似乎是因为限于切身的环境，活动的范围狭窄，不够满足其情绪上的需要，所以要有一个较大的天地，以发泄其所受的压迫和不公道、其没有获得充分爱慕与尊敬的失落。在这种情形中，差不多总常有两种相伴而生的心理特色。个别的美国人，把他们自己与他们所关切的国家内的人民，极端视为一体，因此演变成激进的党派性质。这种党派性质压倒了所有其他的考虑。选定波兰或南斯拉夫或台湾地区（最近的例证）来安放他们不自觉的希望或恐惧的美国人，只愿意接受或赞成有利于他们所选定团体的新闻或政策；甚至即使在政府之中，也难得有一个人把美国对于（譬如说）南斯拉夫或台湾地区的利益，作首先的考虑；他们不是赞成就是反对铁托元帅，不是赞成就是反对蒋介石；他们设法影响舆论和美国政府的行动，以袒护他们所选择接受的一方，并谆谆劝告没有党派的世界，只要赞助他们就是为道德和民主出了力。这种热情磅礴的党派分子，是难得考虑到他们本国的利益的；美国人原来的不视政府为一体的情形，在这种人身上更变本加厉，甚至为了袒护一个外国，不惜把美国政府视为一个可以巧骗智取的敌人，虽则他们也许大概始终不会访问这个国家，且他们所有关于该国的知识，都是间接、或间接又间接而来的。

常态的平稳发展的美国人，被唤起注意任何国家内政治局势时，他们习惯的反应，便是把该国的人民分成压迫者与被压迫者，并站在后者的一边。因为美国人自己拒绝权力，根深蒂固，所以只要相信别的人群也在设法排除权力，就已足够成为表示同情和某种程度视为一体的理由了。美国人一般对于印度的关切“在某种程度，对于所有西半球以外的附属民族，都是如此”，就是建立在抵抗权力的“美国性”的，因而也就是“民主的”涵义之上的。凡反抗权力，就值得同情和援助。在感情上，近年的美国曾被视为近似1775年的美国；不过除了在感情上之外，这种比拟可说全无意义。但就大多数美国人而言，其他国家内政，只有从情绪的观点看才有兴趣可言；他们自发地和慷慨地，虽则往往是没有思想和不合理性地，把受压迫者的地位视为自己的地位。为维持这种一体之感，受压迫者必须自己起来抗争；遇到受压迫者默默接受他们的地位之时，就会很快地引起美国人的不安，和最后的拒斥。

在激进的党派人士中，这种典型的美国人的态度常常颠倒过来，他们常常把强大的具威权的方面视为一体，因为唯其强大和具有威权，这些党派人士才可藉以满足他们在美国政治体制内所不能直接满足的欲望，这种态度在林白夫人《未来的浪潮》一书中表现得最为明白具体，书中的主旨是说国家社会主义与法西斯主义是强大的，而且今后将更为强大，所以美国人应该拥护国社主义和法西斯主义。今日同样的论据被人提出用以拥护苏联（虽则论据的内容已有改变）。望之已久的共产主义的物质利益，在欧洲方面虽然非常有影响力，但在美国国内是不足以动人的，因为现有制度给予大数人的物质利益，远超过共产主义的许诺；但对于那些因自己的荏弱而感到惭愧，或因自己本身内心充满不安全感而感到挫折的人，苏维埃权力的诱惑性具有一种潜在的吸引力。共产主义的合于道德的通俗的纲领，使拥护苏联的人得有令人起敬的表象，这是主张拥护纳粹德国的人所缺乏的；但在数字令人称奇的例证中，这两派党派人士是完全一样的。

除了这些偷偷摸摸崇拜权力的人以外，美国人的党派精神，在对亚洲国家以及对这些国家内政治团体所抱的态度中，有最一般性的表现。多数受过教育的美国人士对亚洲所抱的态度，与对世界其他部分所抱的态度，在性质上和在程度上都是不同的。亚洲是美国人在感情上对之采取超然态度的一洲。欧洲是被舍弃的和被排斥的他们祖先的故土；非洲人的体貌外表，会引起人仿佛犯了过失一般的和憎厌的情感；南美洲是被人藐视的战略性的内地，为防止欧洲人的侵略，是需要加以保护的，它政治上的变乱频仍，是使人丧气可笑的，它虽然风景宜人，却落后而不合卫生，居住的民族是好色的、懒惰的和不可信任的“拉丁民族”，为了政治作用起见，不妨加以庇护，但要敬慕他们，那是不可能的。

除了日本稍有例外，亚洲人无论在体格上或在思维上，都要比任何其他民族，同美国人来得更为疏远。看见一个亚洲人所引起的回忆，远比看见一个高加索种或黑种人时所引起的少得多；亚洲人因为体格矮小，不具威胁性，同时他们长得也不是令人讨厌得不像人样。大多数的亚洲人在政治上都是受压迫的，所以他们因为受压迫者的身份，是可以令人同情和视为一体的，而且美国人对待黑人自觉不安，更可藉同情亚洲人来作为自赎；而一个美国人对政府的仇视心理，一般都是可以转移到那些并不把政府视为外国人的人身上的。

因此教育程度最高的美国人，对于亚洲人都感到一种仁慈的兴趣，且一般不以恩人自居。在他们慷慨的宗教，以及他们所作的实在的和物质的援助中，都表现出这种兴趣。在政治上美国人自认为是亚洲民族的恩主和保护人，反抗其他世界的掠夺和剥削。这是一般的态度，但在大量的个人的例证中，常有把自己和若干亚洲政治团体的命运视为一体，推至近于甚至超过狂热的情形。

同情由海法（以色列港口城市）起至香港的亚洲人的美国党派人士，尤其致力于把他们所挑选出的民族，从英国人的掠夺剥削之下解放出来。在多数美国人看来，全世界只有一个帝国，那就是英帝国。虽然熟悉当地情形的专家，在知识上知道法国和荷兰控制着（或直至最近止）大量的亚洲人口，但这个事实并不影响美国人的偏面性，所以在美国就很难找到任何长时期为法属安南与荷属东印度独立热烈代言的人士。至于美帝国的存在，那无论在情绪上或知识上都是干脆被否认的，美国很少有消息灵通的人士能对美帝国的人口作甚至最约略的估计，能把组成帝国的“附属地”和“所有地”列举成一张比较完全的清单，或者能说明其中任何部分的管理情形，如果他们被迫作答，他们也许会假定（不合事实的假定），管理的情形一定都是按照民主的方式；但是对于英帝国的统治方式，很少人存有任何疑问：它是以完全专制的和暴力的方式统治的，是最放肆和专横形式的权力的典范。

绝大多数的美国人，甚至那些敬慕英国的人士，都毫不怀疑地相信英帝国史无前例地卑劣不义。从一年级起的历史教科书上，便勾画出这幅图像；今日的英帝国，被视为1775年、乔治三世和诺斯勋爵时代英帝国一模一样的引申。教科书上的教训，从未受到过认真的质疑；英帝国是邪恶的、压迫性的，任何帮助或削弱它的人，也就是在为民主、真理和公道申张正义。至于日本战事的胜利，完全有赖于自治领地和帝国的各基地，这个事实只有被职业的战略家所认知；不问有何较为长期的后果，总之，一提起帝国的存在，常可造成美国舆论的分裂。

认为帝国具有独特的邪恶性，是构成美国人对英国所抱复杂态度的成分之一。与此毫无检束的权力相偕者，为相信英国人具有无可比拟的奸巧、不择手段、邪恶、宣传的巧妙，以及一般的马基亚维利精神（马氏为中世纪意大利政治家，主张为统治者的利益，可以不顾任何政治道德——译者），这种信仰在适当的场合中，可以产生出微妙的充分带有病态的推论曲解。即使在发展相当平衡的美国人中，也潜伏有这种信仰；在华盛顿时期，每遇英国发生错误和愚蠢举动时，我的美国同事就提出种种巧妙复杂的说明，使我常感诧异：因为在他们看来，英国人在政治水准上具有如美国人在机械方面所具有的效率，所以英国人在政治方面也有缺乏效率的地方，在他们是难于相信的。

这种普遍被认为属于英国人的属性，在道德上虽是可慨叹的，可是不能像对待欧洲大陆人士所具有的在道德上可慨叹的属性一样，置之不理。就一点而言，这种属性含有某种优越的性质，而且即使把此种优越性否认了，它对于欧洲人的不道德，仍提供了一种不同性质的挑战。但更为重要的，即大多数美国人也同大多数英国人一样，相信美国的人民以出于英国血统者为主。

其实这是一个纯粹神话式的信仰。在美国革命以前，全境内最大的民族群是英国人和他们的后裔，在那个时期中，所有有权有势的位置全属他们所有；开国诸元勋在教育和品格上都主要带有英国的特色。但是自从由 1870 年开始的大规模移民入境以后，在这个大冶炉的混合体中，英国人已变成不甚重要的成分。由于互相通婚之故，现在已无法精确估计欧洲各种血统在当代美国人中所占的比例；但依照科学估计，爱尔兰和德国人的后代的数目，分别都相近于英国人后代的数目，两者如果合并起来，甚至还要超过英国血统的数字；而且这还没计算所有其他的支裔。到今日英国人的后代，充其量不过是国内民族中数量最大的一群罢了。

一种信仰可以并无历史事实的根据，而在心理上仍具有极大的力量；美国人一般相信大部分其他美国人，都是英国人的后代。对于美国人对英的态度，曾有一个重大的影响，像前面已经说过的，大西洋沿岸的上层阶级，特别强调他们的祖先是英国人，结果英国人大体上即被视为与上层阶级有种不可分割的关系，也就成了人们的众矢之的。由于无线电、电影和讽刺画总把英国人画成一幅千篇一律的图像（有爵号的，戴单边眼镜、喝茶、高声谈笑的糊涂虫，希望而且往往如愿娶到女财主）；由于所有报纸的对英国王族的极大重视，以及孤立派报纸上强调的英国贵族阶级的存在；由于访美的英国人，在地方报纸的社交新闻栏中常有持续占显要地位的趋势，更使这种信仰保持生动。即使从偶然来访者的身上，英国亦有趋于被人视为与权威合而为一之势。

大多数美国人对英国存有刻板印象，好像英国是一个专横的父亲似的——邪恶，生命已过全盛时期，老式，落后和被遗弃，但仍不失为一个父亲；他们决不能像对世界其余部分一样，对英国不理不闻。他们对于英国比对任何其他国家更为敏感，更容易发觉它的过失和失败，正好比一个人对于他亲戚的公开行为比对陌生人的更为敏感一样。许多美国人有一个认为英国人应该遵行的行为方针的理想，这个理想比起对任何其他民族的要求或他们自己应该遵行的为高；这与他们心目中所悬的英国肖像是相合的。即使至今日，美国人在想象中仍以为英国的实力是没有限制的；英国拒绝采取积极的行动，无论在慕尼黑，在巴勒士河，都一贯地被认为出于恶意，而非由于荏弱；英国可以纠正世界任何部分所发生的错误，如果它拒绝出来纠正，那是由于它性情乖张。甚至即使英国，经过两次大战以后，不得不要求贷款时，也被认为好像一个不知瞻前顾后的老年家长，伸手问他藐视的，但是能干的儿子呼援一样；而准予贷款时，其间夹杂有报复与勉强烦闷之感，也和这种家庭情况相切合。1843 年狄更斯听到别人把英国称为“专横的老家长”，一世纪以后这个态度并未发生根本的变化。

在一方面，英国可以说是美国民族性的一部分，是代表专横父亲曾被接纳的一面。在差不多每个人个别的例证中，实际的父亲，连同他们或他们祖先出身的原籍国家，都在被舍弃之列；国内仍有的少数父亲式人物，大部分是被人恐惧和憎恨的；但在意识的边缘，英国始终保持为一个专横的父亲的形像——可恨的也可爱的，可惧的也可敬的，可憎的也可放行的，可疑的也可信托的，可鄙的也可仰望的，总之对他存有一种绝不能化为冷漠的、敏感的矛盾观感。

在差不多近两个世纪中，男人、女人、孩子曾经舍家离国，远涉重洋而来美国，希望此来能找到他们出生国家所不能，或没有给他们的若干自由或机会。他们是以个人，充其量是以小家庭踏上征程的，只有消极地反对他们已经丢在后头的祖国这一点是一致的。这一片原由忠诚的英国人和由反抗英国暴政的英国人所居留的新土，终能以史无前例的方式，吸纳由世界各地而来的几百万人口，给了他们的子女一个共同的美国人的性格，而且不自觉地、几乎是无意地组成了一个国家。在旧世界，民主政治的进步，其涵意就是国家的权力趋于减少，个人的权利趋于增加。美国所独特的地方，在于它并不以国家开始，而是以几百万各谋自己利益的个人而开始的。专制暴政一向是、现在仍是旧世界的祸患，新世界的祸患则为无政府状态。由于自然的富饶，战争的幸运，以及个人的推动力和技术诀窍，已经使美国成为世界上最富饶的，而且就潜力上而言是世界上最强大的国家；如果在这些特质之上，再加上一般的公民的责任感和远大的政治见解，那么它的权力和影响是无法估量的。